마음과 마음을 이어 주는 비폭력대화

기린과 자칼이
함께 춤출 때

■ **일러두기**

• 독일어 원서의 'Wolf(늑대)'는 비폭력대화의 관례에 따라 '자칼'로 번역했습니다.
• 본문의 각주는 모두 옮긴이가 단 것입니다.

마음과 마음을 이어 주는 비폭력대화

기린과 자칼이
함께 춤출 때

Wenn die Giraffe mit dem Wolf tanzt

세레나 루스트 지음 · 슈테판 슈투츠 그림 · 이영주 옮김

한국NVC출판사

추천사

세레나 루스트가 이 책을 위한 추천사를 써 줄 수 있겠냐고 나에게 물어 왔을 때 나는 정말 기뻤다. 내가 그녀의 스승이고 그녀가 나의 몇몇 특별했던 제자들 중 한 명이었을 뿐 아니라, 비폭력대화를 접하고 적용하는 방법에서 우리 사이에 많은 공통점이 있었기 때문이다. 우리는 정말 많은 시간을 들여 그 방법의 여러 측면을—'해부'라고 해도 좋을 만큼—연구했고, 가능한 많은 질문을 던졌으며, 거의 모든 경우에 더 높은 차원에서 새로운 이해에 도달했다. 나는 비폭력대화를 깊이 파고들면서도 이성적으로, 이론적으로만 다루지 않는 세레나 루스트의 방식을 좋아한다. 어차피 비폭력대화는 이론적인 적용만으로는 그 효용이 드러나지 않는, 오히려 이성과 감성 사이의 유연한 연결을 통해서만 그 역량이 드러나는 방식 아닌가. 독자들도 이 책을 읽으며 그것을 경험할 수 있으리라고 본다.

나는 이 책에 활용된 '기린 낙하산'과 같은 몇몇 모티브가 아주 마음에 든다. 아울러 슈테판 슈투츠의 삽화는 자칫 무거워질 수 있는 내용 가운데서도 더할 나위 없이 즐거운 경험을 할 수 있게 해 준다.

　비폭력대화와 관련된 매우 많은 글들이 영어권에서 출판되었고 우리는 그 글들을 번역물로 접해 왔다. 그러다 보니, 모국어로 쓰인 책은 아무래도 더 친밀하게 다가온다. 게다가 이 책은 비폭력대화를 처음 접하는 사람이든, 이미 알고 있으며 조금 더 깊이 배우기를 원하는 사람이든 적절하게 활용할 수 있도록 구성되어 있고, 읽기에도 편하다. 비폭력대화 '전문가'인 내게조차 몇 가지 점들을 다른 관점에서 바라볼 수 있는 계기가 되었다.

　세레나가 비폭력대화를 함께 나누는 동료로 합류하게 된 것을 환영하며, 그러한 확장을 가능하게 해 준 데 대해 감사를 표한다.

클라우스-디터 겐스

차례

"우리가 여기에 함께 있는 것은 우리를 자유롭게 해 줄 방법이 저절로 우리 앞에 나타나지는 않기 때문이다. 우리 주위에 있는 사람의 눈과 마음을 통해 자신을 마주하지 않는 한, 우리는 여전히 자신으로부터 도피 중이다. 자기의 내면 깊은 곳에 주위 사람들이 들어오도록 허락하지 않는 한, 우리에게 마음의 안식처는 여전히 허락되지 않는다. 자신의 내면이 간파되는 것을 두려워하는 한, 자기 자신뿐 아니라 다른 사람도 진심으로 이해하지 못할 것이며, 결국 혼자가 되고 말 터이다.

내 옆에 있는 사람이 아니라면 우리는 어디에서 나를 비추어 볼 거울을 찾을 수 있겠는가? 이 공동체 안에서 비로소 우리는 자기 자신이 누구인지 명료하게 알게 될 것이다. 자신을 이제 더는 자기 환상 속에 존재하는 거인이나 자신의 두려움 속에 갇힌 난장이로 여기지 않고, 공동체의 안녕에 기여할 수 있는, 전체의 일부인 한 사람으로 인식하게 될 것이다. 이러한 바탕 위에서만 우리는 뿌리를 내리고 성장할 수 있다. 이제 더는 '죽음'과 같은 외로움에 홀로 처한 존재가 아니라, 사람들 속에서 동등한 한 사람으로서 생명력을 가지고……."

—리처드 보배, 1964

마음의 언어

"옳고 그름 너머에 있는 곳—그곳에서 우리 만나리라."   – 루미

"언어는 창문 또는 벽!" 이것은 몇 년 전 내가 마셜 로젠버그를 처음
으로 직접 만났던 NVC(Nonviolent Communication의 줄임말, 비폭력대
화) 입문 과정 세미나의 제목이었다. 그 당시만 해도 NVC가 내게 필요
하리라고는 전혀 생각하지 않았다. 나는 주변 사람들과의 관계에서 아
주 무난할 뿐 아니라 오히려 사교적이기까지 하다고 생각해 왔기 때문
이다. 때때로 화가 머리끝까지 뻗쳐올라 벼락 치듯 화를 내는 것, 가끔
대화가 괴롭거나 지겹거나 고통스러워지는 것, 대화가 결코 해결될 것
같지 않은 갈등으로 치닫는 것 들을 나는 힘들지만 자연스러운 일로 받
아들였다. 살면서 겪는 문제들이란 어차피 복잡한 것이니까.

비폭력대화라고? 그 말은 꼭 이 빠진 호랑이가 되기를 요구하는 것
같고, 뭔가 쏘아 댈 수도 없고 무기력하게 만드는 말로 들려서 나는 조
금 회의적이었다.
그러면서도 다른 한편으로는 호기심도 생겼다. 마셜 로젠버그는 자

신이 고안한 그 방법으로 전 세계에 걸쳐 활동을 했으며, 특히 아주 심각한 정치적 갈등을 겪고 있던 팔레스타인과 이스라엘 사이에서조차 성공적으로 중재를 했다고 알려져 있었다. 결국, 하나의 새로운 대화법으로만 치부하기에는 뭔가 또 다른 것이 있다는 이야기였다.

나는 그 세미나에서 역할극에 참여함으로써 비폭력대화의 실체를 직접 경험할 수 있는 기회를 가졌다. 공감하는 자세와 비폭력대화 방식으로 진행된 대화 안에서 나는 무조건적인 수용을 느낄 수 있었고, 한결 가벼워진 마음으로 주어진 역할에 몰입하면서 내 마음속에 있던 것

들을 표현할 수 있었다.

이 과정에서 마음의 문을 여는, 강력한 연결의 흐름이 생성되었다. 그리고 자신의 욕구를 가진, 내 앞에 있는 낯선 사람을 존중하려는 마음가짐이 너무도 자연스럽게 내 안에서도 생겨났다. 결국에는 그 사람의 욕구와 내 욕구를 함께 충족할 수 있는 구체적인 방법을 찾고 싶다는 강력한 소망이 내 안에 생겼다. 그리고 그 해결책은 잘 익은 사과가 저절로 떨어지듯 바로 찾아졌다!

연결에서 나온 힘과 따뜻함을 바탕으로 구체적이고 응용 가능한 해결책이 쉽게 떠올랐다. 아울러, 이 열린 마음에서 나오는 빛 속에서 애초의 갈등을 바라보니, 그것이 실은 그다지 위협적인 게 아니라는 점도 깨닫게 되었다.

이 강렬하고 깊은 확신을 주는 경험이 비폭력대화를 향한 내 출발점이 되었다. 그 신비하고 마술 같은 비폭력대화를 나도 알아보고 싶었다.

"우리가 발견할 수 있는 가장 아름다운 것, '신비로움' 그 자체"
—아인슈타인

단 한 번 만에 그런 경험이 가능하다면 그것은 뭔가 원칙에 따르는 것이고, 언제든 다시 실행될 수 있는 것이 아닐까? 그리고 어떤 조건들이 그런 경험을 가능하게 하는 것일까? 나는 그것을 밝혀내고, 배우고 익히고 살아 내며 전하고 싶어졌다.

마셜은 대화가 어떻게 성공하거나 실패하는지를 쉽고 재미있게 묘사하기 위해 자칼과 기린, 두 동물을 상징으로 사용하였고, 각 동물의 특징과 연결해 기린 언어와 자칼 언어를 구별했다.

비폭력대화에서 사용하는 4단계 기술은 기린 언어의 완성을 위한 지도라고 할 수 있는데, 지도를 활용해 그곳으로 가는 길은 대부분 명확하지만, 가끔은 명암이 교차하는 혼란으로 그 정확성을 의심하게 만들 수도 있다. 수풀이 우거져서 스스로 길을 내면서 뚫고 가야 하는 구간이 있는가 하면 미풍에 부드럽게 흔들리는 꽃들이 흐드러진 탁 트인 들판에서 따뜻한 햇살을 즐길 수 있는 구간도 있는 길로, 그 지도는 우리를 인도할 터이다.

'기린과 자칼이 함께 춤출 때'는 무심코 붙여진 제목은 아니다. 이 책에서 나는 내면의 자유로운 움직임, 자극에 반응하는 방법의 확장, 선택의 자유 그리고 책임에 관한 이야기를 더 많이 나누려고 한다. 그리고 이 춤을 잘 추기 위한 최상의 파트너는 평정심, 즉 우리 자신에 대한 평정심, 인내 그리고 많은 공감이라고 말하고 싶다. 목표를 향해 가는 그 길 자체가 목표이다!

나는 이 책을 통해 당신을 보물찾기에 초대하려고 한다. 그 보물은 더도 덜도 말고 당신 자신과, 그리고 나아가 다른 사람과도 진심으로 연결되는 것이다. "기쁨은 나누면 두 배가 된다."고 한다. 이 속담은 기린 언어의 기본 원칙인 연결, 공감 그리고 창조성을 적절하게 표현하고 있다. 기린 언어 안에서 생동하며 진심으로 이해하고 이해받는 것이 얼마나 효과적일 수 있는지, 그 경험을 하고 싶은 모든 사람을 위해서 이 글을 쓴다.

기린과 자칼이 함께 춤출 때

제1장

자칼과 기린

비폭력대화가 왜 필요하지?

> "세상이 필요로 하는 것이 무엇일지 자신에게 묻지 말라. 당신을 생동감 있게 만드는 것이 무엇인지 스스로 묻고 세상에 나가서 그것을 실행하라. 세상이 궁극적으로 필요로 하는 것은 생동감으로 새로워진 사람이다."
>
> ─해럴드 휘트먼

한번 상상해 보자. 당신의 남편이 당신을 비난하는데도 당신은 그 말을 듣고도 자책하거나 화를 내지 않는다면? 또는, 다른 예로, 어떤 일로 좌절하거나 짜증이 난 당신이 그래도 "내 아내는 이런 나를 이해해."라고 누군가에게 말할 수 있다면? 멋진 일 아닌가?

비폭력대화는 우리를 우리 내면에 자리 잡은, 공감하는 존재인 나와 연결시키는 방법이다. 그로부터 발현된 내적인 힘과 타인을 향한 진심 어린 유대는 우리가 직면하게 되는 많은 갈등을 풀어내며, 연관된 모든 사람의 삶을 풍요롭게 할 수 있다.

간디는 우리 마음속에 있는 폭력이 사라지면 공감이라는 자연스러운 능력이 다시 발휘된다고 확신했다. 마셜 로젠버그가 사용한 '비폭력'은 간디의 이 '아힘사' 정신을 내포하고 있다.

이 책과 함께 당신은 4단계로 이루어진 비폭력대화 과정을 쉽게 배울 수 있게 될 터이다. 이 과정은 당신의 다양한 생각들, 끝없는 기대, 수많은 상상, 감정들 그리고 관심들을 구별하고 세분하여 새롭게 구성할 수 있도록 도울 것이며, 일상생활에서 당신 자신과 타인을 대할 때 생겨나는 많은 느낌과 욕구를 다루는 상황에서 폭력이 점점 줄어들고, 언젠가는 그 폭력성이 더는 필요하지 않도록 이끌어 줄 것이다.

그런 상태에 이르면, 당신은 다른 사람과 대화할 때 서로 상처를 주지 않으면서도 당신의 상태가 어떠한지 솔직하게 이야기할 수 있고, 거칠고 상처를 주는 타인의 표현에도 상처 받지 않고 오히려 상대가 지금 무엇이 불편하다고 이야기하는지 알아챌 수 있게 될 터이다.

우리의 인정, 감사 역시 이 4단계의 의도에 따라 표현된다면 더 힘센 날개가 돋아 많은 관계가 상상도 못 할 만큼 성공적인 길로 접어들게 될 것이다. 이에 관해서는 '존중과 감사' 편에서 더 나누려 한다.

'공감 대화'가 가져다주는 생동감이나 그 깊이를 경험하기에는 자신과 나누는 내면 대화나 함께 살아가는 사람들과 나누는 대화만 한 것이 없다. 그러므로 우리가 조금이라도 더 일찍 이 대화의 과정을 익히고 우리 삶 속에서 잘 녹여낼 수 있다면 우리의 대화가 갈등으로 치달릴 필요도 없을 것이며, 그 깊은 연결에서 오는 풍성한 열매를 맛볼 수 있을 것이다.

누군가와 갈등 관계에 들어섰을 때, 우리는 공격과 그에 대한 반격으로 점점 커지는 악순환의 고리에서 어떻게 빠져나올 수 있을지 모를 때가 많다. 비폭력대화는 그런 상황에서 각자의 느낌을 서로가 알 수 있도록 해 주고, 정말로 우리에게 필요한 것이 무엇인지에 관해 이야기를 나눌 수 있도록 실제적인 방법을 제시한다. 우리의 선입견과 적대감을 내려놓고, 상대방을 편견 없이 객

관적으로 바라보며, 그 뒤에 있는 선한 의도를 알아챌 수 있도록, 관계를 회복하기 위해 위험을 무릅쓰고라도 시도할 수 있도록 용기를 준다.

이런 우호적인 관계 안에서만 우리는 서로 마음을 나누고, 서로의 삶을 풍요롭게 할 수 있는 값진 해결책을 찾을 수 있는 열린 마음이 생겨나고, 지속적으로 성장할 수 있다. 어차피 우리는 사회적 존재로서 욕구 충족을 위해 서로 의지해야 하기 때문에, 이런 방식으로 서로의 욕구를 충족시킬 수 있다. 비폭력대화는 우리의 심장이 생명력으로 뛰게 하고, 우리 사이에 직접적이며 따뜻하고 열려 있는 연결이 가능하도록 하는 언어이다.

혹시 지금 이 글을 읽는 누군가의 마음에 '이 모든 이야기들은 말은 번지르르하지만 현실은 절망적이고 회의적이다.'라는 속삭임이 들릴지도 모르겠다. 나는 비폭력대화가 여러모로 우리의 익숙한 사고방식이나 자아상(자기 이미지)과 부딪친다는 것을 안다. 그래서 당신의 소극적인 여자 친구 '회의'와 믿지 못하는 남자 친구 '의심'을 버리지 말고, 오히려 그들과 함께 비폭력대화에 대해 깊은 인상을 받을 기회를 스스로에게 마련해 주라고 청하는 바이다. 장담하건대, 이 비폭력대화는 앞으로 우리가 살며 해결해야 할 많은 문제들을 덜어 주기도 하고, 가볍게도 해 줄 것이다.

상징 동물, 자칼과 기린

"진실이란 그 반대되는 것 역시 그 안에 수용할 때 비로소 진실이
된다."

—루돌프 만

우리는 자칼, 기린과 함께 이 작은 책 곳곳을 누비며 춤을 추게
될 것이다. 자칼은 우리 모두에게 아주 익숙한 방법, 즉 평가하고
판단하는 생각에서 비롯한 듣고 말하는 방법을 사용하는 데에
는 탁월한 전문가이다. 이 책 곳곳에서 바로 그 자칼은 우리가 최
선의 의도를 가지고도 왜 다른 사람과의 논쟁에서 의도와는 전
혀 다른 방향으로 흘러가는지를 알아채도록 도울 터이고, 그 반
면에 기린은 같은 상황에서 어떻게 이를 생산적으로 전환시킬 수
있는지를 보여 줄 것이다.
대화할 때 기린은 상황 전체를 살피면서 말하고 듣는다. 자칼
과 달리 기린은 자신의 느낌과 욕구를 대화 속에 녹여낼 수 있다.

이는 '공감의 대화'라 불리는 비폭력대화의 본질적 요소이다.

물론 표현하거나 이해하는 방법만 보고 순수한 자칼 또는 완전한 기린이라고 말할 수는 없다. 자칼이기만 하거나 기린이기만 한 사람은 없기 때문이다. 각각의 대화 상대와 여러 상황, 순간에 따라서 대응하는 우리의 대화 스타일로 자칼이 되기도 하고 기린이 되기도 한다. 어느 순간의 나는 기린 무늬의 자칼이기도 하고, 다른 때에는 자칼 발로 춤추는 기린이기도 하다.

우리는 우월감과 평가로 무장한 자칼 언어를 자동적으로 구사한다. 일단 최소한 나는 그렇다고 생각한다. 그 자칼 언어가 나를 다스리고 있다는 것이 어쩌면 더 정확한 표현인지도 모르겠다. 이는 우리가 아주 어렸을 때부터 그 말 속에서 성장해 왔고, 그 언어는 우리 생각의 지도에 아로새겨져 지금도 영향을 끼치는 어머니의 언어이자 아버지의 언어이기 때문이다.

이런 역할 때문에 자칼이 나쁘게 인식되는 것이 부당하다는 말을, 동물을 사랑하는 사람들로부터 가끔 들을 때가 있다. 혹시 당신 생각도 그와 비슷하다면, 이 책의 책장을 끝까지 넘기며 그림들을 자세히 봐 주시기 바란다. 겉보기에는 공격적이고 위협적인 자칼 특유의 대화 방식 뒤에 가려진 기린 심장이 드러나는 순간들을 통해, 자칼을 존중하는 나의 마음을 느끼실 수 있을 것이다.

기린과 자칼이 함께 춤출 때

기린 천국 맛보기

이른바 '기린 언어'라 불리는 공감 대화를 조금 맛볼 수 있는 짧은 대화를 소개해 보겠다.

A "차가 이렇게 빨리 달리니까 정말 불안하다."

B "무슨 일이 벌어질 것 같아 걱정되니?"

A "응, 조금 걱정이 돼. 그리고 이렇게 빠르면 창밖 경치를 전혀 감상할 수도 없고…… 조금만 천천히 운전해 줄래?"

B "그래. 나도 모처럼 서로 시간이 맞아 밖으로 나온 것이 기쁘거든. 그런데 일 때문에 조금 긴장해 있었던 것 같아. 저 앞에 있는 식당에 잠깐 차를 세우고 야외 카페에서 커피

한잔 하는 건 어때?"

A "오! 그거 정말 맘에 드는데!"

우리 대화가 이렇게 흐른다면 정말 멋진 일이 아닐까? 그리고 어쩌다 날을 잘 잡아서 우연히 그러는 게 아니라, 항상 이렇게 진심 어린 연결이 생기도록 의식적으로 표현할 수 있는 확실한 도구가 있다면 얼마나 멋질까!

마셜 로젠버그는 이를 위해 4단계로 이루어진, 서로 연결하는 대화 과정을 개발했다. 이 프로세스 안에서 우리는 지금 내가 어떤지, 지금보다 더 나아지기 위해 무엇이 필요한지에 대해 이야기할 수 있다. 이 4단계는 우리가 '정상'이라 여기는 대화 방법(자칼 대화)에서 기린 천국으로 건너가게 해 주는 다리 역할을 한다. 우선 그 4단계 모델을 짧게 소개하고, 뒤에서 각 단계를 충분히 살펴보기로 하겠다.

첫 번째 단계: 평가하지 않고 관찰하기

첫 번째 단계에서는 대화를 시작하게 된 정확한 원인이 무엇이었는지에 대해 말한다. 이때는 내 표현에 어떤 평가도 섞지 않는 것이 중요하다. 즉, 상대방을 비난하거나 그에게 책임을 지우려는 의

도 없이 객관적·구체적으로 나의 느낌을 자극하는 일에 대해 표현하는 것이다.

내가 반응하게 된 정확한 동기가 무엇이었나? 내가 무엇을 보거나 들었는가?

내가 만일 "너는 영화가 시작되고 20분 후에 왔어."라고 한다면, 내가 무엇을 관찰했는지 말한 것이다. 내가 "넌 또 너무 늦게 왔어."라고 말한다면, 그 일에 대한 내 생각을 섞어서 표현한 것이다.

두 번째 단계: 해석하지 않고 느끼기

두 번째 단계에서는 내 느낌을 말한다. 예컨대 나는 두렵거나, 즐겁거나, 당황하거나, 좌절하거나, 감동받았거나 슬플 수 있다. 그와는 달리, "상사한테 무시당한 느낌이야!"라고 말하는 것은 내 윗사람의 특정한 행동을 내가 어떻게 해석하는지를 표현한 것이다.

세 번째 단계: 수단/방법 대신 욕구 표현하기

세 번째 단계에서는 나를 동요하게 한 그 느낌 뒤에 어떤 욕구들이 있는지를 말한다. 예컨대 소속감, 자유, 안전, 자율성, 삶의 의미 등에 대한 욕구를 표현하는 것이다.

"나는 휴식이 필요해."라는 문장은 욕구를 표현한 것이다. 한편, "내일 소풍 갔으면 좋겠다."고 말한다면, 이는 휴식에 대한 욕구를 충족시킬 수 있는 구체적인 방법, 즉 수단을 이야기하는 것이다.

네 번째 단계: 강요 대신 부탁하기

그리고 마지막으로는 부탁을 하는데, 내가 지금 정말 원하는 것이 무엇인지 아주 구체적으로 표현하는 것이다.

예를 들자면 "식기세척기를 지금 정리해 줄 수 있겠니?"라고 말하는 것이다. 그리고 이것이 부탁인지 강요인지는 상대방이 서로 관계가 불편해지거나 처벌받는 것에 대한 두려움 없이 "아니!"

기린과 자칼이 함께 춤출 때

라고 대답할 수 있는지 없는지에 따라 결정된다.

  우리는 우리 자신을 표현하기 위해 이 네 단계를 사용할 수 있다. 또한 다른 사람들의 이야기를 들을 때 그가 관찰하는 것, 그의 느낌, 그에게 중요한 것 그리고 해결을 위한 부탁들을 공감하기 위해서도 그것을 적용할 수 있다. 나와 상대방이 각자 보고, 느끼고, 중요하게 여기는 것과 부탁하는 것들을 이 네 단계에 맞추어 서로 표현하는 사이에 우리의 대화는 리듬에 맞춰 유연하게 위치를 바꾸며 오가는 커플 댄스처럼 될 것이다.
  이 네 단계는 내가 사용하는 언어를 부어 넣을 수 있는 그릇,

기린과 사갈이 함께 춤출 때

즉 구조를 제공한다.

　최근에 나는 이 4단계에 대해 "간단하지만 쉽지는 않다."라는 말을 들었다. 이 말에 동감한다. 이것은 한눈에 파악할 수 있을 만큼 간단한 모델이다. 하지만 이것을 실제로 실천하려 할 때마다, 우리 안에서 이미 수십 년에 걸쳐 익숙해진 사고방식과 말하는 방식을 부지중에 발견하게 된다.

　나 역시 분명한 의도에도 불구하고 자동적으로 자칼 언어로 넘어가고 있는 내 표현들을 알아채고 깜짝 놀라고 또 혼란스러웠었다. 그러다 보니, 내 자칼 언어를 알아차리고 그것을 바꾸기 위해서, 먼저 자칼 언어에 익숙한 내면의 자칼 상태를 자각하는 과정을 거쳐야 했다.

자칼 세상에서

> "'이곳은 평화가 지배하는 곳'이라는 말은 거짓말이다. 평화는 어떤
> 것도 지배하지 않는다."
>
> — 에리히 프리트

우리가 사용하는 언어는 우리가 어렸을 때부터 배운 것이다. 그것으로 교육받았고 수십 년에 걸쳐 사용하며 아주 익숙한 도구가 되었다.

그런데 우리는 이 언어를 능숙하게 다룰 수 있으면서도, 그것으로 우리가 원하는 만큼 만족할 만한 의사소통을 이루어 내지 못한다. 좋은 의도에도 불구하고 매번 서로 상처를 주고받는 언쟁에 빠져들거나, 우리가 선택한 단어나 말하는 방법으로 인해 고통과 슬픔을 주고받기도 한다.

그래서 먼저 자칼 언어의 흔적들을 찾아보려고 한다. 예컨대 누군가의 행동 양식이 우리 마음에 들지 않을 때, 우리는 어떤 식으로 다른 사람에게 영향력을 끼치려 하는가? 그리고 그럴 때 실

제로 우리를 자극하는 것이 무엇인지 어떻게 전달하는가?

이웃 간에 오가는 자칼 대화를 소개한다.

자칼 1 이것 보세요, 슈미트 씨. 당신네 그 괴물 같은 가문비나무는 도대체 언제 치워 버릴 겁니까?

자칼 2 첫째, 그건 가문비나무가 아니라 전나무입니다. 둘째, 그 일은 당신이 나한테 왈가왈부할 일이 아닙니다. 셋째, 먼저 당신의 자작나무나 신경 쓰시지요. 그 잎사귀들이 우리 정원으로 떨어진다고요.

자칼 1 일 년에 딱 2주 동안 조금 떨어지는 나뭇잎 가지고 유난 떨지 마세요. 그건 자연의 섭리라고요. 나는 일 년 내내 당신네 나무들 그늘 때문에 피해를 본다고요. 더군다나 당신네 나무들이 물을 다 빨아들이는 바람에 우리 화단에서는 더는 아무것도 자라지 않아요.

자칼 2 그건 화단에 물 주는 일을 제때 못 한 당신의 게으름 때문이지요.

자칼 1 정말 뻔뻔스럽군요. 일을 이렇게 복잡하게 만드시네요. 그럼 봅시다. 4주 안에 어떤 조치도 취해지지 않는다면 제 변호사가 연락할 겁니다.

자칼 2 한번 해보시지요. 벌써부터 기대가 되네요.

자칼은 항상 무엇이 옳고 그른지 확실하게 알고 있다. 그는 소위 "내가 곧 법"이라고 여기기 때문에 자신의 잣대가 모든 사람, 모든 상황에 적용된다고 확신한다. 그래서 누군가에게 무엇이 잘못되었는지, 어떤 실수를 했는지 지적하는 것은 그에게 너무나 당연한, 자신의 확신에 의거해 진실을 드러내는 일일 뿐이다. 그리고 자신의 관점을 강하게 피력하기 위해 결과에 대한 책임을 지라고 협박하기도 한다. 그는 인간관계에서 당근과 채찍, 칭찬과 벌을 아주 자연스러운 수단으로 여긴다.

억양, 얼굴 표정 그리고 몸짓을 포함하는 자칼식 표현 방법들은 협박이 되며, 이것은 두말할 필요 없이 위협적으로 작용할 수도 있다. 아마도 상대방 역시 같은 방법으로 대응할 수밖에 없을 터이고, 이는 이미 공격과 방어, 책임 전가와 비난, 협박으로 돌고 도는 자칼 회전목마의 입장권을 구입한 것이라고 할 수 있다.

자칼은 생각, 무엇보다도 다른 사람에 대한 자신의 관점에 스스로 지배당하며 영향을 받는다. 그 밖에 자신의 내면에 무엇이 더 있어서 자기에게 영향을 끼치는지 자칼은 정확히 알지 못한다. 자칼에게 느낌이란 것은 오히려 낯설고 어색하며, 자신의 느낌들로 말미암아 놀림거리가 되거나, 자제력을 잃어서 스스로 정

기린과 자칼이 함께 춤출 때

해 놓은 틀을 벗어났을 때 더 이상 통제하지 못하게 될지도 모른다고 두려워한다. 자칼은 자신이 옳다고 확신하는 동안에는 독립적이고 안전하다고 느낀다.

자칼은 모든 사람이 마음껏 먹기에는 주어진 초콜릿 케이크가 너무 작다고 믿는다. 이 말은 '자칼 세상에서는 모든 사람이 서로 경쟁 관계에 있고, 남을 믿을 수도 없다.'를 뜻한다. 항상 승리자와 패배자가 있으며, 승리자 편에 속하려면 가지고 있는 모든 수단과 방법을 동원해서 싸워야 한다고 생각한다.

예컨대, 누군가가 자신이 옳다고 주장할 때, 물론 그는 옳다. 두말할 필요가 없다. 단지 그 상대방 역시 그에 동의할 때라야 하겠지만! 그런 경우라면 불쾌한 논쟁들은 필요 없을 터이고, 서로의 관계는 얼마나 아름답고 조화롭겠는가!

아마 당신은 지금쯤 당신 주위의 많은 사람들 중에서 여러 '자칼들'을 찾아냈을 터이다. 또는 당신 역시 당신 내면에 있는 이런저런 자칼을 보았든지…….

이제 당신의 일상 대화에 스며든 자칼을 쉽게 알아챌 수 있도록, 다음 절에서는 특별히 자주 쓰이는 자칼의 네 가지 표현 방식을 소개하려고 한다.

자칼 나름의 미사여구로 말하기

자칼의 대화 도구로 쓰이는 장애물, 위장 두건, 채찍 그리고 침쇠

> "모르는 것을 탐구하기보다 이미 아는 것을 의심하는 쪽이 더 용감한 것일 수 있다."
>
> ─하인리히 야스퍼스

비폭력대화의 출발점 가운데 하나는 자칼 역시 다른 사람들에게 자신이 지금 어떤지, 무엇이 필요한지를 제 나름의 방법으로 표현한 다는 관점이다. 다만, 자칼은 이를 우회적으로 서투르게 표현하기 때문에 상대방이 그 의도를 제대로 감지할 수 없다는 데 문제가 있 다. 익숙한 자신의 대화 도구[1]들을 사용해 마음을 표현하는데, 유감 스럽게도 그 방법들은 대화를 더 복잡하게 꼬아 버리기만 한다.

기린은 같은 것을 어떻게 표현하는지 잠깐 맛볼 수 있도록 기

---

1 자칼의 미사여구라고 번역했다.

린 말로 번역해서 자칼 귀에 속삭여 보겠다. 기린 언어는 비난하거나 합리화하는 대신, 지금 어떤지 그리고 무엇이 필요한지를 이야기한다.

"너는 정말 무능력해!", "네가 문제야!"—장애물(도덕주의적 판단)

자칼은 무언가 바꾸려고 할 때, 상대방의 잘못을 다양한 방식으로 지적한다. 이때 자칼은 자신의 의견이 '진실'이니까 객관적으로도 그러하리라는 확신을 품고 행동한다. 이 범주 안에는 모든 종류의 부정적이며 평가절하하는 분석, 비난, 판단 들이 포함된다. 이것들로 자칼은 다른 사람들을 신랄하게 비판하고, 그들에게 책임을 전가하고, 모욕하고 판단하며 창피를 준다.

같은 상황에서 자칼의 표현과 기린의 번역을 짧게 소개한다.

> **자칼** 너는 항상 네가 아는 것만 최고이고, 그래서 뭐든지 네가 다 결정해야만 하지!
>
> **기린** 나는 네가 내 말을 듣지 않고 있다는 생각도 들고, 서로 진심으로 이해하는 것이 정말 중요한데 그렇지 않은 지금 이 상황이 정말 실망스러워.

자칼   넌 정말 게으르고 이기적이야! 난 혼자 낑낑거리면서 우리 짐을 차에 싣고 있는데 넌 컴퓨터 앞에만 쭈그리고 있잖아!

기린   나 지금 스트레스 엄청 받았어. 지금 바로 네 도움이 필요해.

"나도 어쩔 수가 없어!"—위장 두건(책임 부인하기)

자칼은 다른 사람에게 자신의 느낌이 어떤지, 무엇이 필요한지를 말하려고 할 때, 종종 자신의 느낌과 생각 그리고 행동의 원인이 자신에게 있지 않다고 이야기한다. 그럼으로써 자칼은 그에 대한 책임을 부정할 뿐 아니라, 자신의 힘까지 부인한다.

같은 상황에서 자칼의 표현과 기린의 번역을 짧게 소개한다.

자칼   우리 갈등의 골이 점점 더 깊어지는 것에 대해서는 나도 어쩔 수가 없어. 내 책임은 아니라고.

기린   나는 지금 절망스러워. 이 상황에 대한 이해와 공감이 필요한 것 같아.

자칼   페인트가 유리창에 흩뿌려진 건 나도 어쩔 수 없어. 바람에 가림막이 젖혀져서 튄 걸 나보고 어쩌라고.

기린 유리창에 페인트가 튀어 얼룩이 생겨 속상하네. 내일 아침에 내가 깨끗하게 닦아 놓을게.

자칼 오늘 저녁까지 이 일을 못 마친다 해도 그건 내 책임이 아니야. 먼저 되었어야 할 작업을 마이어 씨가 어제 저녁에야 나한테 넘겼다고!

기린 지금 일 처리에 대한 압박 때문에 정말 긴장돼. 지금은 내 상황을 이해받고 격려받는 것이 정말 필요해.

"그런 식으로 하면 어떻게 될지 알아서 해!"—채찍(상, 벌을 당연시하는 말)

자칼은 '만약 네가 ~한다면' 형식을 이용해 명확하게 또는 미묘하게 상대방을 협박하고 겁을 주어서 사람들이 행동을 바꾸도록 유도한다. 상과 벌에 대한 이유, 기준은 자신이 정한다고 생각한다.

같은 상황에서 자칼의 표현과 기린의 번역을 짧게 소개한다.

자칼 너, 나한테 한 번 더 이런 투로 말하면, 가만두지 않을 거야.

41

기린   네 말을 들으니 정말 놀랍고 슬프구나. 나에게는 서로 존중하고 배려하는 것이 중요하거든.

자칼   너, 한 번만 더 이렇게 늦게 오면, 다시는 너랑 약속 같은 것 안 할 거야.

기린   나는 내 시간을 좀 의미 있게, 내가 원하는 대로 쓰고 싶은데, 그렇게 하지 못해 속상해.

자칼   만약 수요일까지 이 프로젝트를 끝내지 못한다면, 다른 일자리를 찾아보는 게 좋을 겁니다.

기린   저는 이 업무로 스트레스가 쌓이는군요. 제때에 끝날 수 있다는 확신이 필요해요. 일정을 어떻게 잡고 있는 지 말씀해 주시겠어요?

"너는 당연히 ~를 해야 해!"—죔쇠(강요)

자칼은 지금 자신이 어떤지, 무엇이 필요한지를 이야기할 때, 다른 사람에게 무언가를 요구하는 방법을 사용한다. 그때 그 사람이 무엇을 해야만 하는지, 어떤 의무가 있는지 또는 무엇을 했어야 했는지, 당연하다는 듯이 이야기한다.

같은 상황에서 자칼의 표현과 기린의 번역을 짧게 소개한다.

자칼   그놈의 사나운 개, 목줄 좀 묶어서 다녀요!
기린   개가 그냥 돌아다니니 무섭네요. 염려 없이 편하게 길
       을 다니고 싶어요.

자칼   도대체 쓸데없는 이야기만 하고 있군요. 먼저 사실이 뭔
       지나 제대로 아셔야겠어요.
기린   나는 분명하고 직접적인 대화를 원하는데 그렇게 진행
       되지 않아 실망스럽습니다.

자칼   TV 좀 작작 봐라. 그건 정말 쓸데없이 시간을 죽이는
       방법일 뿐이야.
기린   나는 너랑 뭔가 생동감 넘치는 경험을 하고 싶은데 그
       렇게 하지 못해 섭섭하거든. 오늘 저녁 같이 영화를 보
       거나 산책을 가는 건 어때?

앞엣것들은 자칼 언어에 무게를 둔 예시들이다. 그 밖에도 비
교하기, 경시하기, 부정하기 등과 같은 더 많은 대화의 걸림돌들
이 있다. 예를 들자면 다음과 같다.

자칼 우리 아빠였다면 이것쯤 벌써 한 손으로 해결했을 텐데…….

기린 이 일은 나한테 무리인 것 같고 집안일에 도움이 더 필요해. 네가 수도꼭지를 갈아 끼울 수 있겠니? 아니면 수리공을 부르는 것은 어떨까?

자칼 아이고, 제발 앓는 소리 좀 하지 마. 별로 심각한 것도 아닌데. 누구나 일하면서 스트레스는 받기 마련이야.

기린 지금은 나도 완전히 지쳐서 조금 쉬었으면 좋겠어. 한 30분 후에 그것에 대해 얘기해 줄래?

단지 글로 쓰는 것만으로도 마음을 얼어붙게 만드는 이런 표현들이 사람들의 정서를 얼마나 극에서 극으로 요동치게 할 수 있는지……. 그러지 말고, 햇살이 비치는 기린 섬의 따뜻함을 누리며 살 수 있기를 바란다.

분명히 당신은 이런 자칼 말을 직접 해 보았거나, 주위 사람들과 대화하면서 들어 보았을 터이다. 사람들은 대체로 자기 욕구를 직접적으로 말하기보다는 자신의 의견이나 분석, 그리고 요구들로 에둘러 표현한다. 게다가, 이런 '관계를 복잡하게 만드는 말

들'은 일상 대화에서 시작점이 선명하게 구별되기보다는, 대화 가운데 슬그머니 섞여들어 폭발하듯이 드러나게 된다.

누군가가 그런 식으로 말을 걸어온다면 아무도 우리 또는 다른 사람의 편안함, 행복에 기여하고 싶은 마음이 들지 않을 터이다. 그런 관계에는 아무런 힘도 없다. 상대방의 마음은 조금도 움직이지 않을 것이며, 호의적인 대답보다는 반격이나 저항이 돌아오거나 아예 관계가 끊어지는 상황이 벌어질 것이다.

이렇게 우리는 수많은 관계에서 그 많은 에너지와 신경을 쓰면서도 부질없는 노력으로 끝을 맺곤 한다. 즉, 의사소통의 맥을 끊는 결과를 낳는 것이다. 그리고 설령 그런 방법을 통해 우리가 원하고 기대하는 성과를 단기적으로는 거둘 수 있다 해도, 장기적으로 보면 그보다 더 큰 대가를 치르게 된다.

타인과 건설적으로 교류하면서 성장하고 힘을 얻고자 하는 꿈은 승자와 패자가 존재하는 이 세상에서는 요원한 이상향일 수밖에 없다.

이제 짧은 자칼 세상 여행을 끝내고 이번에는 기린 세상으로 옮겨 보기로 하겠다. 그 길 위에서는 우리 마음이 더 가벼이 함께 공명함으로써, 생산적인 의사소통의 기회가 더 많아질 것이다.

기린 천국으로 가는 오솔길 위에서

> "지금 우리 안에 있는 것에 비하면, 우리 앞날에 무엇이 놓여 있는
> 지 그리고 과거에 어떠했는지는 아주 사소한 것에 불과하다. 만약
> 우리가 지금 우리 안에 있는 것을 세상에 드러낸다면 기적이 일어
> 날 것이다."
>
> — 헨리 데이비드 소로

기린은 육상동물 가운데 심장이 가장 크고 그 긴 목으로 적당한
거리와 넓은 시야를 확보할 수 있다는 점에서, 공감을 바탕으로
하는 상호 이해를 상징하기에 아주 이상적인 동물이다.

기린은 하나의 인식—무언가를 하거나 그냥 내버려 두는 우
리의 모든 행동 뒤에는 충족하고 싶은 욕구들이 있다는 사실에
대한 인식—을 상징한다. 이러한 인식은 기린으로 하여금, 자칼
의 말에 자칼 방식으로 대응하지 않고, 자기 자신과 다른 사람을
공감으로 대할 수 있도록 도와준다.

다른 사람을 공감으로 대한다는 것은 그 사람의 상태가 지

금 어떠한지, 그리고 그가 무엇을 필요로 하는지를 편견 없이, 열린 마음으로 알아차리는 것이다. 이러한 내적 태도는 기린이 4단계 기술을 마음을 여는 열쇠로 사용할 수 있게 하는 결정적인 힘이다. 기린은 이 힘을 자기 마음을 더 깊이 알아 가기 위해 내면을 향해 쓸 뿐 아니라(이것을 자기 공감이라고 한다), 무엇이 다른 사람을 동요하게 하는지, 그리고 그 행동을 하도록 한 느낌과 욕구가 무엇인지를 더 명확하게 이해하기 위해 다른 사람을 향해서도 사용한다.

기린은 매 순간 생동하는 욕구와 연결된 힘으로 살아간다. 어떤 상황에서도 흔들림 없이 내면의 깊은 평화와 연결을 시도한다. 대부분의 자칼이 자신의 감성을 날카롭고 신랄한 말로 보호하려고 하거나 두꺼운 벽 뒤에 묻어 버리려고 하는 것과 반대로, 기린은 비폭력대화의 4단계(관찰, 느낌, 욕구, 부탁)의 도움으로 인내심을 가지고 감성적이며 연민을 품은 자신의 본성과 연결하려고 한다.

이 연결로부터 자신뿐 아니라 다른 사람들의 삶 또한 풍요롭게 만드는 기린의 기쁨(주고받는 것에 대한)이 솟아난다. 기린에게는 주는 것과 받는 것이 더는 서로 다른 것이 아니다.

기린은 처음부터 뭔가 객관적인 해결책을 찾기보다는 인간적인 만남을 우선한다. 그리고 이 '만남'은 다른 사람에 대한 공감, 자기 자신에 대한 공감, 그리고 솔직한 자기표현이 자연스럽게 오가는 가운데 생겨난다. 이때 관찰, 느낌, 욕구 그리고 부탁으로 구성된 4단계는 함께 춤추기 위한 기본 스텝이 되어 준다.

이제, 내 속에서 또는 어떤 갈등 안에서 자칼 회전목마가 서서히 돌아가기 시작하는 것을 알아챈다면 내가 할 수 있는 일은 무엇일까? 분위기가 심상치 않게 돌아가기 시작하면?

멈추고 나와 연결한다!
나는 이것을 "기린 낙하산의 끈을 당겨라!"라고 표현한다.
내 기린 낙하산은 그런 상황을 알아채고 마음을 진정할 수 있도록 해 주며, 내 안의 기린이 깨어날 수 있는 기회를 줄 것이다. 그리고 그렇게 함으로써 나는 자동적으로 자칼로 반응하던 내 습관에서 점차로 벗어날 것이다.

장애물, 위장 두건, 채찍, 죔쇠 등이 있는 자칼의 길과 관찰, 느낌, 욕구 그리고 부탁이 있는 기린의 길이 있음을 떠올리며 앞으로 내가 어떤 길로 가고 싶은지 의식적으로 선택하려 한다. 그렇게 되면, 적어도 이론상으로는, 모든 순간마다 자칼 회전목마를 세우고 거기에서 내릴 수 있을 법하다.

"이번 여름휴가를 당신 혼자 결정했다는 이야기를 들으니[관찰], 정말 당황스럽고 서운하네[느낌]. 그런 중요한 일은 같이 의논하고 함께 결정을 하는 것이 나에게는 정말 중요하거든. 그리고 내 상황은 어떤지 당신이 알아줬으면 좋겠어.[욕구] 지금 잠깐 그 일에 대해 이야기를 나눌 수 있을까?[부탁]"

누구나 이러한 4단계 과정을 배울 수 있고, 그것을 자신과의 내면 대화나 타인과의 대화에 활용할 수 있다. 여기서 한 가지 알아 두었으면 하는 점이 있다. 비폭력대화에서 사용하는 느낌과 욕구 말들이 일상어와 항상 똑같은 의미를 나타내는 것은 아니라는 것이다.[2]

---

2   부록에 있는 느낌과 욕구 목록 참조

자칼 귀와 기린 귀

"인간이 가진 마지막 자유는 주어진 것들에 대한 자신의 태도를 선택할 수 있다는 것이다."

— 빅터 프랭클

자칼은 말만 하는 것이 아니라 듣기도 한다!

비폭력대화의 멜로디는 두 개의 악기에 의해 연주된다. 첫 번째 악기가 지금까지 우리가 다뤄 온 '말하기'처럼 밖으로 드러나는 것이라면, 두 번째는 가려져서 알아채기 어려운 '듣기'라는 악기이다. 듣기는 말하기와 달리 바로 그 자리에서 인지할 수 없기 때문에 그 과정이나 영향력을 알아차리기가 조금 어렵다. 이 '듣기'를 할 때 사용하는 귀를 비폭력대화에서는 자칼 귀 또는 기린 귀로 구분한다.

우리는 자칼 귀를 통해 다른 사람의 말을 공격, 비난, 판단 등으로 받아들일 수도 있다. 아니면 기린 귀를 사용해 상대방의 말

을 충족되지 않은 욕구로 인해 생긴 느낌을 표현하는 것으로 들을 수도 있다. 마셜 로젠버그는 그의 세미나에서 이 과정을 눈으로 보며 이해할 수 있도록, 자칼과 기린 손인형이나 머리띠를 상황에 따라 번갈아 가며 활용했다.

기린 세상으로 향하는 여정에서, 나는 말하기보다는 듣기 쪽이 자칼이나 기린을 선택하기가 조금 더 수월하다는 것을 경험했다. 나는 듣는 귀를 조금 더 빨리, 의식적으로 전환할 수 있었는데 아마도 다른 사람이 알아채지 않게, 조용히 마음속으로 연습할 수 있었기 때문이 아닐까 한다.

그와 더불어, 얼마나 많은 사람들이 이미 첫마디부터 말하는 사람의 의도와 전혀 다르게 들어서 대화가 갈등으로 치닫게 되는지도 안타깝게 확인할 수 있었다. 내가 완벽한 기린 언어로 표현하더라도 그 말이 다른 사람의 자칼 귀를 통과해 그 마음으로 들어가기 때문에 진심이 전달되지 못하는 것이다.

그래서 나는 이런 현상에 대해 본질적인 문제가 무엇인지 세심하고 주의 깊게 알아보는 것이 얼마나 중요한지 다시 한 번 배웠다. 이 배움에서 내가 한 경험, 즉 어떤 귀로 들을지를 선택할 수 있다는 것이 정말 큰 도움이 되었다.

기린과 자칼이 함께 춤출 때

직장 동료 사이에서

회의 후에 당신의 동료(B)가 당신(A)에게 이런 이야기를 한다고 한번 상상해 보기 바란다.

"A 씨는 나한테 말할 기회를 전혀 주지 않더군요. A 씨가 항상 먼저 나서기 때문에 나는 정말 맥이 쭉 빠져요."

당신은 어떤 '귀'로 듣고, 또 당신이 들은 것에 대해 어떻게 반응할 것인가?

▨ 자칼 귀

우리의 자칼 귀는 말하는 것과 마찬가지로 자동화되어 있다. 그리고 자칼 언어로 말하기와 자칼 귀로 듣기는 떼려야 뗄 수 없는 관계이기도 하다.

그래서 그냥, 아주 즉흥적으로 당신은 다음과 같이 대답할 수도 있다.

"뭘 그래! 말하지 않은 B 씨 자업자득이지. B 씨가 느린 탓이지. B 씨가 조금 더 적극적으로 참여했더라면 좋았잖아."

만약 당신의 반응이 이런 쪽으로 기운다면 당신은 그 말을 당신에 대한 공격, 비난으로 받아들이고 상대방에게 반격을 가하는 것이다. 당신은 '자칼스러운' 마음씨로 "내가 옳고 너는 틀렸어!"라고 듣고, 반응을 밖으로 표현한다. 듣는 귀를 상대방으로 향하게 하는 것이다.

또는 이렇게 생각할 수도 있다.

'그래, 맞아. 나는 항상 너무 앞서가. 정말 부끄럽구나. 사회성이라고는 정말 없고……. 사장이 이런 나를 보면 뭐라고 생각할지! 앞으로는 좀 자제해야겠다!'

이렇게 생각한다면, 당신은 동료의 말이 옳고 당신에게 책임이 있다고 여기면서 그 평가를 사실로 받아들이는 것이다. 그리고 동료의 말에 동의할 뿐 아니라 그에 더하여 속으로 자신을 비하한다. 당신의 자칼 귀가 다시 활성화되었고, 이번에는 그렇게 듣는 귀를 당신 내면으로 향하게 한다. 이때의 마음가짐은 '네가 옳고 내가 틀렸어!'이다.

아니면 당신은 동료에게 설명을 할 수도 있다.

"아무도 말을 안 하려는데 할 수 없잖아요. 결국 누군가는 뭐라도 말했어야지. 그리고 내 기여 덕분에 토론거리가 생겼잖아요!"

앞의 경우와 마찬가지로, 이때에도 당신의 자칼 귀는 안으로 향해 있다. 자신을 정당화하거나 변명하는 동시에 용서를 구한다. 다시 말하자면, '누군가는 옳아야 한다.'라는 자칼의 마음가짐을

자신에게 적용하는데, 당신을 스스로 잘못한 사람의 자리에 두는 동시에 자신을 변호하기 시작한다.

다른 사람들의 느낌에 대한 책임을 자기가 지려고 하는 경향이 우리 문화권에 널리 퍼져 있다. 그것이 어떤 전형적인 말로 표현되는가에 대해서는 다음 장에서 다시 다루기로 하겠다.

■ 기린 귀

어쩌면 당신은 이미 비폭력대화에 대해 들었을 수도 있고, 아니면 성향 자체가 단순하게 반격하는 것을 좋아하지 않는 연민의 마음을 가진 사람일 수도 있다. 그렇다면, 물론 B 씨의 말이 처음에는 당신에 대한 공격이나 비난으로 들렸다 하더라도, 그 상황에서 맹목적으로 역공, 자책 또는 변명으로 반응하지 않고 기린 낙하산의 끈을 당길 것이다.

깊게 숨을 들이마시고 먼저 마음을 가라앉힌다. 그러고 나서 어떻게 하면 건설적인 방법으로 당신의 살아 있는 느낌들 그리고 욕구와 연결할 수 있을지 상기한다.

그러고 나면 어쩌면 당신에게 다음과 같은 점이 선명해질 수도 있다.

'이렇게 마음이 쓰이는 것은, 모든 사람이 자기표현도 하고, 자신의 아이디어를 내놓을 수 있는 것이 나에게 중요하기 때문

이구나.'

이때 당신은 기린 귀로 듣고, 공감하는 그 귀를 당신의 안을 향해 기울인다.

그리고 이런 행동과 함께 당신 안이 평화롭게 되었으면, 당신의 기린 귀를 바로 연민과 함께 밖으로 기울일 수 있다. 당신은 동료 B 씨를 자신의 욕구를 충족하려고 애쓰는, 당신의 이웃으로 인식하고, 그의 말을 충족되지 않은 욕구와 그에 따른 느낌을 우회적으로 표현하는 것으로 받아들인다. 그 후에 침착하게 공감하는 마음으로 자문한다.

그 사람은 바로 지금 어떤 느낌일까? 바로 지금 무엇이 필요한 것일까?

어쩌면 당신의 공감하는 태도 덕분에 이런 대화가 오갈지도 모르겠다.

A B 씨가 언짢은 것은 당신도 그 자리에서 뭔가 자신의 아이디어를 발표하고 싶어서 그런 건가요?

B 네, 나한테 정말 좋은 아이디어가 있었는데 당신이 항상 너무 빨라서 내가 끼어들 수가 없었다고요.

기린과 자칼이 함께 춤출 때

또는 이런 대답이 돌아올 수도 있다.

B   사실은 아니에요. 그냥 항상 말 한마디 안 하고 그 자리에
    앉아 있는 것이 바보처럼 느껴져서 그랬어요.

이미 당신은 상대방과 함께 기린 스텝과 자칼 스텝 안에서 춤
을 추기 시작했고, 그 춤은 스텝을 바꿔 가며 지속될 것이다.

내면의 태도가 빚어내는 음악들

> "마치 우리 자신의 일부가 집으로 돌아온 것처럼 다른 사람을 대하는 법을 배운다면, 우리는 만남에서 생겨나는 자연스러운 마술을 경험하게 될 것이다."
>
> — 슈테판 루드비히

앞 절의 이야기를 다음과 같이 간단하게 정리할 수 있다.

- 나는 공감하는 마음 없이 반응할 수 있다. 즉 내 자칼 귀를 통해 듣는다.
- 나는 공감하는 마음으로 반응할 수 있다. 즉 내 기린 귀를 통해 듣는다.

그리고 이 귀들을 다시 두 방향으로 향할 수 있다.

- 나 자신의 내면을 향한다.
- 밖으로 다른 사람을 향한다.

그리고 이것을 바탕으로 선택할 수 있는 총 4가지의 내면적 태도가 있다.

1. 자칼 귀를 밖으로 향하기: '너는 뭔가 잘못됐어!'에 상응하는 태도
2. 자칼 귀를 안으로 향하기: '나는 뭔가 잘못됐어!'에 상응하는 태도
3. 기린 귀를 안으로 향하기: '내 느낌이 무엇이지? 내게 무엇이 필요하지?'에 상응하는 태도
4. 기린 귀를 밖으로 향하기: '네 느낌은 무엇이니? 너는 무엇이 필요하니?'에 상응하는 태도

앞으로 나아가기 위한 첫걸음은 말하기의 경우와 마찬가지로 이 여러 가지 가능성을 일단 인식하는 것이다.

이 인식의 과정 중에, 내가 특별한 상황이나 특정인을 대할 때 자칼 귀가 자동으로 솟아오르기도 하고, 반대로 어떤 때에는 작지만 내 기린 귀가 살짝 쫑긋거리는 것을 발견하기도 할 것이다. 말하기 때와 마찬가지로 어떤 귀로 들을지를 의식적으로 선택할 수 있으려면 약간의 연습이 필요하다.

첫 번째 인식의 가능성

자칼 귀를 밖으로 향하기: '너는 뭔가 잘못됐어!'라는 내적 태도

나의 주된 관심은 대부분이 다른 사람을 향해 있고, 아주 다양한 방법으로 그 사람의 어떤 점이 잘못되었는지, 어떤 잘못을 했는지, 누가 옳은지(물론 나 자신!), 그리고 누가 틀렸는지(당연히 그 사람!)를 이야기한다. 내가 판단하고 비난하며 잘못을 그의 탓으로 돌리는 일련의 행동들을 한다.

'나는 나를 지켜야만 해! 이건 그 사람이 자초한 일이야! 내가 공격당하는데 당연히 방어를 해야지! 나를 함부로 대하지 못하게 해야만 해!'라는 생각들을 굳게 믿는다.

내 자칼 귀는 상대방의 말을 나에게 하는 '공격!'으로 듣고, 내 자칼 생각은 즉시 '네가 잘못된 거야!'라며 으르렁거린다. 그리고 그런 공격들에 대해 거의 순식간에, 잠깐의 멈춤이나 고려도 없이 자칼스럽게, 반격의 형태로 대응한다. 결국 나 역시 이렇게 반응함으로써 갈등의 회전목마가 계속 돌아갈 수 있도록 힘을 실어 주게 되는 것이다.

두 번째 인식의 가능성

자칼 귀를 안으로 향하기: '나는 뭔가 잘못됐어!'라는 내적 태도

이 태도는 내가 다른 사람의 의견에 동의하는 것이다. 내 자칼 귀는 나를 향해 열리고, 내 안의 자칼은 나를 향해 '그래, 바로 그거야! 저 사람이 정말 맞아! 난 뭔가 잘못됐어. 나도 속으로 자주 그렇게 말해 왔지!'라고 으르렁거린다. 결과적으로 잘못을 내 탓으로 돌리거나 합리화를 하는 등 일련의 행동을 한다.

첫 번째 단계에서 '너는 뭔가 잘못됐어!'라며 상대에게 이빨을 드러내던 자칼이 이제는 자신을 향한 내면의 공격자가 된다. 이 생각 안에서 나는 자칼이자 희생양이 되어서 스스로를 작고 무기력하고 비참하다고 느낀다.

'죄책감' 편에서 이것에 대해 다시 한 번 다루도록 하겠다.

'나는 뭔가 잘못됐어.'라는 내적 태도가 강하게 각인되어 있으면, 누군가가 나에게 "새 옷을 입은 당신은 정말 매력적이네요."라는 말을 했을 때, '어머나, 저 사람은 평소에 내가 외모에 별로 신경을 안 쓴다고 생각하는 게 틀림없어. 앞으로는 내 옷차림에 대해서 더 신경을 써야겠구나!'라는 식의 말을 스스로에게 하게 된다.

당신은 이런 내면의 속삭임을 한번쯤 들어 본 적이 있는가?

세 번째 인식의 가능성

기린 귀를 안으로 향하기: '내 느낌이 무엇이지? 내게 무엇이
필요하지?'라는 내적 태도

이 상황 역시 개인적으로 마음이 상한 경우이다. 그렇지만 이때
나는 기린 낙하산을 펼쳐서 먼저 내면의 혼란, 격동을 가라앉힌
다. 긴장을 풀고 잠시 멈춤으로써 부지불식간에 자칼 회전목마에
올라타는 위험에서 벗어날 수 있다. 그리고 내가 이 순간 어떤 귀
로 들을지 선택할 수 있다는 점과, 당장은 그 사람의 말이 전혀 그
렇게 들리지 않는다 할지라도, 상대방 역시 자신의 욕구를 충족
하려고 한다는 점을 상기한다. 마음이 편안해지고, 내 느낌에서
얻은 동력을 바탕으로 충족되지 못하고 있는 욕구를 찾기 위해
의식을 내면으로 향한다.

네 번째 인식의 가능성

기린 귀를 밖으로 향하기: '네 느낌은 무엇이니? 너는 무엇이
필요하니?'라는 내적 태도

누군가의 말이나 행동은 모두 자신의 욕구들을 충족하기 위한
것이다. 이런 태도가 내면에 확고하게 닻을 내리고 있다면, 앞서

말한 여러 상황을 아주 평온하고 침착하게 받아들일 수 있다. 상대방은 나를 괴롭히려는 것이 아니라 자신의 상태가 어떠한지 전달하려는 것이며, 자신의 욕구를 돌보기 위해 애쓰고 있는 것이다. 이 태도를 바탕으로, 상대방의 소견을 나 개인에 대한 공격으로 받아들이기보다는, 내 주의를 그가 바로 지금 무엇을 느끼고 무엇을 필요로 하는지에 기울인다.

이것은 합기도의 기본 원리, 즉 내 중심에 집중되어 있는 힘으로 상대방의 공격이 나를 미끄러져 지나치도록 하는 것과 같은 것이다. 나는 상대편의 '공격'에 동요하지 않고 그와 함께 있어 준다. 나는 객관적이고 편견 없는 주의를 그에게 기울임으로써 그 사람이 마음을 가라앉히고 자신의 느낌과 욕구를 찾아 갈 수 있도록 지지하고 지원할 수 있다.

긴 대화가 이어질 때, 어쨌든 우리는 이 여러 종류의 '듣는 귀'와 '귀의 방향' 사이를 오가며 내적 태도를 바꿀 수 있다.

이상적인 세상, 즉 기린 천국이 완벽하게 실현되는 곳에서는 '번역'이 더는 필요하지 않을 것이다. 사람들 역시 상대방의 말을 이제 더는 '비난'이나 '비하'하는 말로 받아들이지도 않을 것이다. 내가 지속적으로 든든하게 그리고 자주적으로 자기 공감 상태에 닻을 내리고 있고, 내 번역 시스템이 상황에 맞게 바꾸어 들을 수 있게 해 준다면, 다른 사람이 나에게 하는 모든 말에 담긴 그의 느낌과 욕구에 관한 메시지를 듣게 될 것이다.

그러나 지금 우리가 사는 세상이 현재의 모습으로 지속되는 한, 그리고 우리 역시 현재 상태로 살아가는 한, 이 비폭력대화의 번역 기능이 우리 삶을 풍요롭게 할 수 있는 독창적인 도구가 되어 줄 것이다. 이 도구는 자칼 세상에서는 익숙한 해석, 비난 들을 느낌, 욕구 그리고 부탁의 언어로 번역함으로써 우리가 좀 더 객관적·자주적으로 대응하도록 도와준다.

제 2 장

비폭력대화의 4단계

〰️ 4단계 과정

〰️ 4단계 체크리스트

4단계 과정

"평화는 단순히 전쟁이 없다는 것을 의미하는 것이 아닙니다. 평화는 상태가 아닙니다. 우리는 마치 전쟁을 치를 때처럼 주의 깊게, 깨어서 평화를 이루어 나가야 합니다."

— 14대 달라이 라마

비폭력대화의 네 단계는 우리 안에 있는 연민이 드러나도록 표현할 수 있는 형식이다. 그 선명한 구조는 우리로 하여금 새롭고 더 생동감 있는 표현 방식을 배울 뿐 아니라 기린 언어가 지속적으로 성장할 수 있는 평온한 내적 태도를 연습할 수 있게 도와준다. 왜냐하면 기린 언어의 효과는 기술적으로 정확하게 4단계를 적용할 때가 아니라, 마음의 힘과 현존으로 충만한 우리의 말과 태도를 통해 드러나기 때문이다.

물론 모든 사람이 서로 공감하는 완벽한 기린 세상이 실현될 때까지 우리는 두 세계에 양발을 걸치고 살아야 한다. 얽히고설

킨 자칼의 미로에서 헤맬 때도 있고, 기린의 비전에 닻을 내리고
여유 있게 걸을 때도 있을 터이다. 그래도 이제 우리는 선택할 수
있는 자유가 있고, 더욱 활발하게 자칼과 기린이 함께 추는 프리
스타일로 춤을 출 수도 있다.

　내 아들 레안더와의 갈등을 다룬 다음의 예를 가지고 이 네
단계를 구체적으로 짚어 가며 각각의 특징을 자세히 설명하겠다.

자유로운 생일 파티

내 아들 레안더는 자신의 열여섯 번째 생일을 '파티'를 하며 축하
하고 싶어 했다. 제일 바라는 바는 어른들 없이 놀며, 몇몇 친구
들과는 우리 집에서 함께 밤을 지새우는 것이었다. 나는 약간 염
려스러웠지만, 아들과 충분한 이야기를 나눈 끝에 두 가지 조건
을 달아 허락했다. 첫 번째는 친구 부모님들이 그날 내가 집에 없
다는 사실을 알아야 한다는 것이고, 두 번째는 레안더의 가장 친
한 친구 세 명만 함께 밤을 지새운다는 것이었다. 우리는 아이디
어를 주고받으며 이벤트 계획을 함께 세웠다. 수영장에 가는 것
으로 시작해서 우리 마당에서 고기를 굽고, 자랑스러운 16세로
당당하게 공식적으로 입장이 허락된 디스코 클럽 '감브리누스'에
가고, 아주 '늦은' 시간에 귀가해서 가장 친한 친구 세 명과 밤을

지새우기. 레안더는 컴퓨터 앞에 앉아 그 내용을 담은 초대장을 작성했다.

그런데 이 중요한 이벤트 사흘 전에 전화벨이 울렸다. 한 아이의 엄마가 초대에 대해 감사 표현을 한 후 "그렇지만 우리 딸을 자정 즈음에 픽업하는 것에 대해 너무 기분 나빠하지 않으셨으면 좋겠어요. 우리 딸이 거기서 밤을 새는 것은 원치 않아요!"라고 말하지 않는가!

오!, 처음에는 얼마나 놀랐던지……. 그러고 나서 바로 어떤 기운이 머리끝에서 발끝까지 훑고 지나가더니, 평가하고 해석하는 자칼 사고가 내 안에서 울부짖고 날뛰기 시작했다.

'이건 절대로 있을 수 없는 일이야. 분명히 같이 의논해서 결정했잖아. 확실하게 의견 일치를 봤는데! 기만당하고 이용당한 느낌이야. 나를 속이다니! 나한테서 뭔가 얻어 내야 할 것이 있을 때에는 얼마나 순진하고 착한 얼굴을 했는지! 그런데 지금 이게 뭐지! 정말 실망이 커. 그 녀석은 내 신뢰를 저버렸어. 여자 친구까지 밤새는 일정에 초대를 하다니. 엉큼한 녀석! 생일 파티는 이미 물 건너갔어. 절대로 가만두지 않을 거야!'

하지만 내가 이 장황한 연설을 즉흥적으로 또 직설적으로 레안더에게 퍼붓는다면, 이 사건으로 금이 가기 시작한 우리의 관계가 완전히 깨질 것이 분명했다. 나는 레안더와 이 일에 관해 이야기하기 전에, 내 안의 생동하는 힘에 안전하게 닻을 내리기 위해, 속으로 이 자칼 포효를 비폭력대화의 4단계에 대입하며 번역을 하기로 했다. 또한, 서로에게 유익한 자리를 마련할 수 있도록, 대화를 어떻게 시작할지 구체적인 표현 방법도 찾기로 했다. 비폭력대화의 아주 중요한 기본 원칙은 'Connection before correction!'이다. 즉, 먼저 연결을 한 다음에 변화를 요청하라!

첫 번째 단계: 평가하지 않고 관찰하기

관찰: 내가 무엇을 보거나 듣는가? 그것은 나와 어떤 관련이 있는가?
평가: 이것을 내가 어떻게 판단, 평가하고 있는가?

"관찰과 평가의 차이는 숨쉬기와 깨물기의 차이와 같다."
–엘리아스 카네티

첫 번째 단계는 나를 혼란스럽게 만든 원인을 분명하게 아는 것이다. 카메라와 같은 객관성으로, 내가 어떤 것에 반응했는지 명확하게 아는 것이다. 나중에 레안더가 내 말을 듣고 공격당했다고 '느끼지' 않도록, 내 입장을 표명할 때 비난이나 평가가 섞이지 않도록 세심하게 주의를 기울인다. 사실 이 얼마나 간단한 이야기인가!

"레나 엄마가 조금 전에 전화를 해서 내가 현실을 파악할 수

있게 해 주었어!"

이것은 관찰인가? 그렇기도 하고 아니기도 하다. 왜냐하면 이 말에는 관찰과 비난 그리고 평가가 섞여 있기 때문이다. 도화선이 되었던, 말 그대로의 '적나라한 사실'은 무엇일까?

"레나 엄마가 조금 전에 전화를 해서 초대에 감사한다고 했어. 그리고 덧붙이기를, 생일 파티를 할 때 레나가 여기서 밤을 새는 것은 원치 않는다면서 자정 즈음에 픽업하겠다는구나." 이렇게 표현하니 순간적으로 얼마나 산뜻하고 명료하게 들리는지! 나는 평가, 판단, 강요 등에 담긴 개인적이고 감정적인 부분을 내려놓을 때마다 마음이 홀가분해져서 정말 기분이 좋아진다.

그리고 순수한 관찰에 대해서는 어떤 이의 제기나 반박도 가능하지 않다는 점을 상기하는 것이 도움이 된다. 개인적인 감정을 섞지 않는 관찰자라면 이렇게도 말할 수 있을 것이다.

"내가 ……를 보면/들으면 ~."

이러한 문장은 나의 관찰을 명료하게 나타내기 위한 공식 같은 표현이다.

유명한 현인인 크리슈나무르티는 이렇게 말했다. "평가 없이 관찰하는 것은 인간 지성의 최고 형태이다."

그럴 수 있으려면 약간의 연습은 필요하지만!

두 번째 단계: 해석이 아닌 느낌 찾기

느낌: 내 느낌은 무엇이지?
해석: 의미를 어떻게 해석해야 하지?

두 번째 단계는 일어난 일, 즉 관찰한 것에 대하여 내가 어떻게 느끼는지 분명하게 아는 것이다. 내 안의 자칼이 다시 한 번 날뛰기 시작한다. "기만당한 느낌이야! 내 신뢰를 저버렸어. 내 관대함을 악용당한 느낌이야!"

이 표현이 지금 내가 어떤지를 나타내고 있는가? 그렇기는 하다. 하지만 레안더가 내 안의 불쾌한 상태를 초래한 것으로 들린다. 그렇다면 레안더가 내 불쾌함의 원인일 텐데, 우리가 사는 세상에서는 내 기분에 대한 책임을 이처럼 다른 사람에게 지우는 사고방식이 널리 퍼져 있다. 비폭력대화에서는 그렇지 않다. 다른 사람이 나에게 자극을 주기는 하지만, 내 느낌의 원인은 내 내면의 현실에 있다고 본다. 이 점에 대해서는 세 번째 단계에서 더 다루기로 하겠다.

"기만당한 느낌이야!"라는 말에 내포된 의미를 해석하자면 '레안더는 나쁜 녀석이야. 그 애는 내 신뢰와 배려를 악용했어. 뒤통수를 치다니!'라고 할 수 있다.

이때 내 기린 안경은 내 콧잔등에서 미끄러져 내린다! '무시당한, 이용당한, 오해받은'과 같은 단어들을 비폭력대화에서는 '해석된 느낌' 또는 '가짜 느낌'이라고 부른다. 이런 표현 안에서 내 느낌은 다른 사람에 대한 나의 도덕적 판단과 뒤섞인다. 이렇게 자주 쓰이는 '생각이 섞인 느낌말' 목록을 부록에 소개해 두었다.

레나 엄마가 이야기한 사실, 즉 레나가 우리 집에서 숙박하지 않는다는 말을 나는 곧바로 '레안더는 내 신뢰를 저버렸어, 내 배려를 악용했어.'로 해석하고, 레안더를 '비열한 음모가'로, 나는 그의 행동으로 인한 선의의 희생자로 본다. '무시당한', '이용당한', '오해받은'과 같은 말들은 대체로 더 극단적인 "나는 정말 화났어!"라는 말과 공명한다. '화'는 갈등 상황에서 아주 큰 역할을 하는데, 이에 대해서는 '격렬한 분노 대신 솔직하게 표현하기' 편에서 더 깊이 다루기로 하겠다.

그런 식으로 말을 걸면 레안더는 내 말을 분명히 비난으로 들

을 터이고, 곧바로 자신을 지키려고 자칼의 갑옷과 투구로 무장할 것이다. 그래서는 솔직하고 서로를 존중하는 연결이 생겨날 수 없다. '기만당한 느낌이야, 그 녀석은 내 관대함을 악용했어.'라는 자동화된 자칼 해석이 내 머릿속을 관통하는 순간, 나는 기린 낙하산의 줄을 당긴다. 마음을 가라앉히고, 기억 속에 있는 기린의 관점을 의식적으로 불러온다. 내 기린 안경을 다시 쓰는 것이다!

나는 이 과정을 통해 나와 다른 사람을 서로를 망치려는 원수로 보는 게 아니라, 각자의 욕구를 충족하기 위해 애쓰는 동등한 두 사람으로 보게 된다. 나는 나의 반응을 레안더의 행동으로부터 분리시키고, 내 느낌을 알아내기 위해 내 의식을 전적으로 나에게 집중한다. 내 몸의 느낌들은 이를 알아내는 데에서 중요한 안내자 역할을 한다. 예컨대 마음이 무겁다거나, 혈압이 치솟는다

기린과 자칼이 함께 춤출 때

거나, 목이 꽉 막혀 말을 못하는 것 등이 그것이다.

핵심 요령은 바로 내 느낌들의 무게중심을 전적으로 나에게 둘 수 있는 느낌말들을 찾는 데 있다. 그래야만 다른 사람을 비난하면서 내 느낌에 대한 책임을 그에게 지우지 않으면서도 자신이 실망스럽다거나 우울하다는 말을 할 수 있기 때문이다. 그러면 상대방 역시 자신을 방어하거나 합리화하거나 반격을 가하지 않고 열린 마음으로 내 이야기에 귀를 기울일 수 있게 된다.

"나는 지금 혼란스러워/불안해/두렵고 겁이 나/정말 놀랐어/슬퍼" 등은 다른 사람을 원인 제공자로 낙인찍지 않으면서 나 자신에 대해 이야기할 수 있는 순수한 느낌말들이다. "나는 정말 감동 받았어/즐거워/마음이 끌려/궁금해/기분 좋아"와 같은 말들도 있다.

구체적으로 다음과 같은 단계를 밟으며 해 볼 수 있다.

내가 지금 어떤지 감지한다. … 내 몸의 느낌들이 공명하도록 놔둔다. … 내 감정의 혼란을 감지하고, 내가 어떻게 침을 삼켜야만 하는지 … 얼굴을 찡그리는지 알아차리고 … 그러다 보면 내 의식 안으로 다른 단어들이 떠오른다.

"나는 지금 실망스럽고, 당혹스러우면서 긴가민가해서 혼란스럽기도 하다."

"나는 ……하다." 또는 "나는 ……하게 느낀다."가 내 느낌을 나타내는 공식 같은 표현이다.

이제 첫 번째 단계(관찰)와 두 번째 단계(느낌)를 연결하면 이렇게 들린다.

"레나 엄마가 레안더의 생일 파티 때 자기 딸을 여기서 재우지 않겠다고 말했을 때(관찰), 나는 혼란스러웠고 당황했다(느낌)."

이렇게 정리된 표현을 통해서 관찰된 원인을 온전한 나의 느낌과 연결한다. 문장을 "……할 때"로 시작하는 것 역시 중요하다. 그럼으로써 인과관계를 따지는 "…… 때문에"와는 달리, 단지 시간적으로만 연계되어 있다는 점이 표현된다. 첫 단계에서부터 내가 마음이 상한 것에 대한 책임을 나에게 돌리는 것이다.

내가 만약 레안더에게 "밤샘 계획에도 여자 친구를 초대하다니! 그런 식으로 너는 내 신뢰를 저버렸어."와 같은 자칼식 장광설을 늘어놓는다면, 내 반응에 대한 책임을 확실하게 아이 탓으로 돌리는 것이다. 즉, 그 말은 곧 "레안더, 내가 이렇게 속상한 것은 네 탓이야(너 때문에 내가 이렇게 속상해)!"라고 말하는 것과 마찬가지다.

내 기린 안경을 통해, 나는 레안더가 나를 기만하려고 그런 행동을 한 것이 아니라 내가 상상할 수 없는 어떤 이유에서 그랬다는 것도 추측한다. 내 안에 있는 기린은, 다른 사람들은 그들의 모든 행동을 통해 자신의 욕구를 충족하려는 것이지 내게 대적하려는 것이 아니라는 점을 알고 있다.

그리고 내가 처음의 감정적 혼란과 조금 더 거리를 둘 수 있게 되고 기린의 객관성과 기린의 평정심에 계속 머무른다면, 전혀 다른 의문이 떠오르기조차 한다. 즉 '레안더가 혹시 우리가 함께 결정한 것에 대해 나와 달리 이해를 했나? 아니면 오해가 있었나? 그리고 레안더가 정말 그 소녀를 초대하기는 한 건가?'

어쨌든 나는 이미 확실하게 작아진 불꽃 위에서 내 속을 태우고 있다. 내 내면의 길은 이제 세 번째 단계인 '욕구'로 이어지고 있다. 이는 비폭력대화의 핵심이라고 할 수 있다.

세 번째 단계: 방법과 욕구 구별하기

욕구: 나에게 중요한 것은 무엇이지? 무엇이 필요하지?
방법: 그것을 어떻게 실현하지?

바로 이 단계에 비폭력대화의 중요한 열쇠가 있다. 기린의 관점에서 '느낌'은 지금 충족되지 않은 나의 욕구가 무엇인지를 알려 주는, 아주 유용한 신호로 활용된다. 내 느낌들은 내 욕구로부터 동력을 제공받아 신호를 보내는, 여러 색으로 반짝이는 작은 등불 같은 것이다.

비폭력대화에서 사용하는 '욕구'라는 개념은 우리가 일상적으로 사용하는 것과는 다른 특별한 의미를 가지고 있다. 비폭력대화에서는 욕구를 모든 사람이 살아가는 데 필요한 기본적이고 필수적인 조건이라고 이해한다.

이 욕구들은 특정한 문화나 시대에 국한되는 것도, 특정한 사람이나 장소에 구애받는 것도 아니다. 즉, 욕구는 그러한 제한을 넘어서는 차원의 보편적인 것이다. 그런 의미의 욕구들의 예로는 소속감, 의미, 안전, 보호, 자율성, 성취, 개성, 자유, 평등, 진정성, 온전함, 충족감, 인정, 수용 등이 있다.

우리가 욕구를 충족하는 방법은 저마다 다르다. 예컨대, '안전'

* Bedürfnisse: 욕구들

은 모든 사람에게 중요하다. 그런데 그 안전을 충족하는 방법은 보험 가입, 신에게 기도하기, 다른 사람과 건설적인 관계 맺기, 호신술 배우기 등 각자의 상황과 취향에 따라 다르다.

여기에 자칼 세상을 기린 세상으로 뒤집는 전환점이 있다. 나에게 이 상관관계가 분명하게 이해된다면, 나는 어떤 사람이 특정한 상황에서 행동하거나 생각하거나 느끼는 바를 인정하지 않거나 더 나아가 미워할 수는 있어도, 나와 같은 욕구를 가진 그의 내적 존재를 부인하거나 미워하지는 않게 된다. 페르시아의 시인 루미 역시 이렇게 노래했다. "옳고 그름 너머에 있는 곳—그곳에서 우리 만나리라."

이것이 비폭력대화 안에서, 지금 이 순간 우리가 어떤 욕구를 충족시키려고 하는지 명료하게 알아채기 위해 많은 시간을 들이고 관심을 기울이는 이유이다. 우리는 종종 어떤 갈등 상황과 마주했을 때, 어떤 욕구로 인해 그런 갈등이 생겨나는지 정확하게 모르는 경우가 정말 많다.

누군가와 다투기 전에, 한번쯤 나의 실제 동기가 무엇인지 먼저 알아내는 것도 의미심장한 일이다. 대부분의 욕구들은 아주 오랫동안 아무런 관심도 주지 않았을 수도 있고, 어떤 욕구는 그런 게 나에게 있는지도 아예 모를 수도 있으며, 반대로 어떤 욕구는 그 배경이 쉽게 드러날 수도 있고, 어떤 것들은 무시할 수 없을 뿐 아니라 충족되기를 재촉하기도 한다.

내가 나의 욕구들을 명료하게 알아차릴수록, 그리고 그 욕구와 연결되어 반응할수록, 즉 그 욕구를 충족하기 위해 정성을 기울이는 만큼 나는 다른 사람들을 덜 '자칼스럽게' 대하게 된다. 그리고 기본적으로 나와 대립하는 사람과 마찬가지로 나 또한 같은 욕구를 가지고 있기 때문에 상대방을 이질감 없이 '이해'한다. 그리고 알지 못하는 사이에 연결이 생겨난다! 그렇게 우리는 관련자 모두의 욕구를 배려한 해결책이 생겨나고 자라날 수 있는, 모두를 든든하게 받쳐 주는 토대를 마련할 수 있다.

비폭력대화의 깊은 의미 안에서 '욕구'는 언제나 삶에 생동감을 불어넣어 준다. 부정적인 욕구는 없다. 예컨대 '복수'에 대한 욕구는 없는데, 이는 누군가가 이해받고 공감을 얻고 싶은 욕구를 충족하기 위해 사용한 아주 비극적인 수단일 수 있기 때문이다.

다시 우리의 사례로 돌아가 보자. 기억을 되살리면, 네 단계 중 두 번째 단계에서 나의 느낌은 "불안하고 혼란스럽다"였다.

내 느낌에서 조금 더 앞으로 나아가도록 하겠다.

내 불안과 혼란 뒤에는 어떤 욕구가 존재하는가? 내가 지금 놓치고 있는 것은 무엇인가? 나는 무엇이 필요한가? 어떤 욕구말

84

기린과 자칼이 함께 춤출 때

이 적합한가? 어떤 욕구가 채워지지 않아서 이런 느낌을 통해 주의를 기울이도록 하는가?

나는 몇몇 욕구말들을 떠올려 본다. … 그리고 내 내면의 울림에 주의를 기울인다. 나는 지금 공감이 수반된 이해가 필요한가? … 명료함? … 확신? … 연결? … 소통? 내가 알아채는 것은 일단은 공감이 수반된 이해가 필요하다는 것 … 그리고 연결과 명료함 … 그리고 확신 또한 필요하다.

공감이 수반된 이해에 대한 욕구는 바로 지금 속으로 네 단계를 하나하나 밟는 것을 통해 충족시키고 있다. 이야기를 나눌 수 있는 친구에게 전화를 걸거나 일어난 일을 일기장에 쓰면서 충족시킬 수도 있다.

네 단계의 의도에 따라 레안더에게 할 말을 정리한다면 이렇게 될 터이다.

"레나 엄마가 통화하면서 레나가 네 생일 파티 때 여기서 함께 밤새지 않을 거라고 말했을 때(관찰), 나는 혼란스럽고 불안했어(느낌). 왜냐하면 엄마한테는 명료함과 확신이 중요하거든!"

여기서 나는 관찰과 느낌으로 시작된 문장에 "나에게는 ……가 중요하기 때문에" 또는 "나는 ……가 필요하기 때문에"와 같은 표현을 덧붙여서 확장한다.

내 혼란스럽고 불안한 느낌은 나에게 중요한 욕구가 지금 채워지지 않고 있기 때문이다. "우리 딸을 자정에 데리러 갈게요. 그 애가 밤새는 것을 원치 않아요!"라는 레나 엄마의 말은 도화선이다. 그녀의 말은 내 고유한 내적 욕구의 세계에 불을 지핀 불씨이다.

결국 내 반응의 원인은 내 개인적이고 내적인 현실에 있다. 아마 다른 사람은 같은 상황에서 나와 다르게 반응할 수도 있을 것이다.

"나는 ……하다(느낌), 왜냐하면 나는 ……가 필요하기 때문에/……가 중요하기 때문에(욕구)!"라는 표현이 바로 나의 느낌을 그 순간의 내 욕구와 연결해 주는 언어 공식이다.

'부탁'이라는 이름이 붙은 네 번째 단계에서는, 그러면 이제 어떤 구체적인 방법으로 내 욕구를 충족시키고 싶은지를 다루게 된다.

네 번째 단계: 강요 대신 부탁하기

부탁: ……해 줄 수 있니?
강요: 너는 ……해야 해, 그렇지 않으면 ∼!

앞의 단계들은 토대를 마련하는 과정이었다. 즉 나의 관찰, 나의 느낌 그리고 나의 욕구를 명확하게 하는 과정에서 내가 무엇에

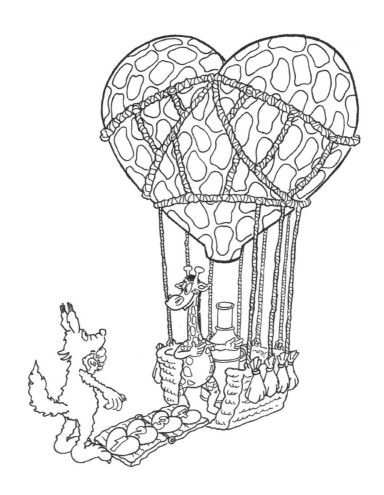

87

제2장 비폭력대화의 4단계

반응하고 무엇을 느끼고 무엇을 필요로 하는지 알게 되었다. 이제 '부탁' 단계를 통해 일반적이고 허공에 떠 있는 것 같은 내 욕구를 지상으로 내리면서 실현 가능하게 만든다.

이 단계에서는 창조성과 기지, 재치가 요구된다. 상대방이(또는 나 스스로!) 내 욕구를 충족해 주기 위해 기꺼이, 지금 여기에서, 아주 구체적으로 무엇을 할 수 있는가? 이때 상대방 역시 자신의 욕구를 충족시켜야 함은 물론이다. 왜냐하면 비폭력대화의 정신에 따르면, 상대방이 내 부탁을 들어주는 것은 곧 자신의 고유한 욕구, 예를 들자면 연결, 조화, 이해 등에 대한 욕구를 충족시키는 것이기도 하기 때문이다.

나는 다른 사람이 죄책감, 수치심, 두려움 또는 의무감 때문에 내 부탁을 들어주는 것은 원하지 않는다. 부탁을 들어주지 않으면 우리의 관계가 망쳐질 것에 대한, 또는 제재가 가해질 것에 대한 두려움 같은 것 말이다. 나는 그에게 나뿐 아니라 그 자신의 삶도 풍요롭게 만들기 때문에 자발적이고 기꺼운 마음으로 내 부탁을 들어 달라고 부탁한다.

부탁을 받은 사람이 불이익이나 처벌에 대한 두려움 없이 거절할 수 있는지에 따라 부탁과 강요를 구별한다. '부탁'은 상대

기린과 자칼이 함께 춤출 때

방의 "No!" 이면에 바로 지금 그에게 더 중요한 어떤 것에 대한 "Yes!"가 있다는 것을 전제한다. 그뿐 아니라 나의 '부탁'은 협상이 가능하다. 이것은 단지 첫 번째 제안이며, 계속되는 대화 가운데 바뀔 수 있는 요청이지 강요가 아니다.

나의 연결, 명료함 그리고 신뢰에 대한 욕구를 어떤 '부탁'의 말로 표현할 수 있을까?

나의 첫 번째 욕구인 공감은 지금 나 스스로 채우고 있다. 바로 지금 정말로 내 안에서 무슨 일이 일어나고 있는지를 네 단계 과정을 통해 알아채며 나와 연결하는 과정이다. 그곳에 나의 생동하는 에너지를 공급하여 그 공감이 빛 가운데 드러나게 할 수 있다. 이 과정을 통해 레안더와의 대화가 유익하고 효과적으로 흐를 수 있도록 하는 토대도 동시에 쌓을 수 있다.

연결에 대한 내 욕구를 위해서는 어떤 부탁을 할까?

아마 '레안더가 집에 오는 대로 대화를 청해야지.' 또는 '나를 공감하는 이 프로세스에 이어서 레안더를 공감하는 프로세스도 해 봐야지.'가 될 것이다. 조금 더 설명하자면, 나에게 적용한 것과 마찬가지로 '레안더 안에서는 무슨 일이 일어났을까?'를 네 단계에 맞추어 속으로 추측해 보는 것이다.

그것에 더하여 명료함에 대한 욕구, 더 정확히 말하자면 객관적인 것과 관계 측면에서의 명료함을 위한 부탁도 있다. '레안더와 나의 관계는 얼마나 견고하지?, 우리 사이의 신뢰는 어느 정도인가?' 등이 그 주제에 따른 관계 측면을 다루는 질문이 될 터이다. 객관적인 측면은 '누가 초대되었는가?', '레나 엄마가 그런 말을 하게 된 까닭은 무엇인가?', '누가 그날 함께 밤을 새우는가?'와 같은 질문으로 명료해질 수 있다.

나는 대화하자는 부탁을 하는 것으로 이 두 측면을 다루는 작은 문을 열기로 한다. 어떤 논쟁을 할 때, 객관적인 측면과 관계 측면이 나란히 진행된다는 통찰은 나에게 기린으로 가는 길의 큰 전환점이었다. 특히 우리 아이들을 대할 때 이것을 확연히 알아챌 수 있었다. 우리는 사실 서로 대하는 데에서 관계에 문제가 있었는데, 상황이나 사실에만 초점을 맞추어 이야기를 나누었기 때문에 서로 이해하기가 얼마나 어려웠는지 모른다.

예를 들자면, 우리는 얼마 전에 언제 또는 얼마나 자주 정원의 잔디를 깎을 것인지 토론을 한 적이 있었다. 잔디밭의 상태는 질서, 조화, 아름다움 같은 욕구와 관련이 있고 그에 대해서는 모두 동의했다. 하지만 그와 더불어 아이들에게는 일방적으로 정한 규칙에 따르는 것이 아니라 자기들이 원하는 때에 할 수 있는 자율성에 대한 욕구도 아주 중요했다. 우리가 그 점을 의식하고, 깨끗이 정리된 잔디밭보다 먼저 자율성을 인정하고 관계에 대한 욕구를 충족했을 때 건설적인 해결책을 찾을 수 있었다.

그러므로 공감하는 과정에서 정말 중요한 것은 본질적인 욕구가 무엇인지 찾아내는 것이다. 그리고 비록 늦더라도 '부탁'이 이행되거나 성취되었는데도 마음이 홀가분하거나 기쁘지 않다면, 내가 알 수 있는 것은, 지금 정말로 중요한 욕구가 무엇인지 우리가 알아채지 못했다는 것이다.

'부탁'은 내가 아주 구체적이고 긍정적인 형식으로 '지금 그리고 여기서' 실행될 수 있고 점검이 가능한 행동을 부탁할 때 이루어질 가능성이 아주 크다. 이 원칙은 객관적인 상황과 관련된 해결책을 찾을 때뿐 아니라 관계 차원에서 생긴 갈등을 풀 때에도 적용된다!

그러지 않으면 "당신이 나를 이해해 줬으면 좋겠어!" 또는 "그렇게 너무 예민하게 굴지 마!"와 같은 말은 '막연한 희망 사항'으로만 남는다. 실망과 좌절은 불 보듯 뻔하다. 아마 상대방은 그 말에 "너를 이해하라고? 난 널 충분히 이해하고 있다고!"라고 말할지도 모르겠다.

이 상황에서 이미 새로운 의견 차이가 생겨난다. 그러므로 스스로에게 물어볼 수 있다. '그 사람이 어떤 행동을 하면 네가 이해받고 있다고 알 수 있지? 예컨대, 그 사람이 바로 지금 무엇을 들

기린과 자칼이 함께 춤출 때

었는지 너에게 말해 주면?' 어쩌면 당신은 상대방이 알아들을 수 있는 말을 아직 못 찾았을 수도 있고, 상대가 해 주는 말을 들으면 어디에서 오해가 시작되었는지 알아차리도록 도울 수도 있을 터이다.

나는 나와 내면의 대화를 나눈다. "레안더가 오는 대로 나랑 30분 정도 앉아서 이야기하자고 해야겠다. 그 통화에 대해 이야기하고 나서 아이가 뭐라고 하는지 듣고 싶어."

레안더와 대화를 시작하기 위해 이렇게 이야기한다.

"(관찰:) 오늘 아침에 레나 엄마가 전화했어. 네 생일 파티 때 레나가 여기서 밤을 새지 않는다고 이야기했어. (느낌과 욕구:) 내가 지금 당혹스럽고 혼란스러운 것은 명료함과 확신이 중요하기 때문이야. (부탁:) 지금 너랑 30분 정도 앉아서 그 일에 대해 이야기하고 싶은데 그럴 수 있을까?"

말이 떨어지자마자 대화 자리가 마련되었다. 그리고 어느 부분에서는 나에게 아주 놀라운 전환을 가져온, 선명하고 생산적인 대화를 나누게 되었다. 레안더는 우리가 협의한 것과는 다르게 누구라도 상관없이, 그리고 6명이 밤을 새워도 되는 것으로 기억하고 있었다. 그리고 그것과는 별개로 한 여자아이가 자신의 알리바이를 위해 초대장에 손 글씨로 '밤샘'이란 글귀를 써 달라고 부탁했다는 것이다. 그 아이는 전혀 다른, 개인적인 계획을 세우고 있었다.

이렇게 솔직하고 세세하게 이야기를 나누다 보니 이 파티가 나나 레안더가 예상했던 것보다 훨씬 더 복잡한 상관관계를 가지고 있다는 점이 우리 두 사람 모두에게 분명해졌다. 결론은? 나는 모든 부모들에게 다시 한 번 전화를 걸었고, 그 덕분에 아주 활기 있고 새로운 관계들을 맺게 되었다.

이런 과정을 거치며 치른 레안더의 생일 파티는 정말 성공적이었고, 레안더는 기쁨과 즐거움을 넘어서 전 과정을 통해 손님맞이가 얼마나 큰일인지도 깨닫게 되었다.

이렇게 마음을 털어놓고 함께 겪어 낸 소통 과정은 내가 아들과 더 깊은 연결을 할 수 있게 해 준 아주 중요한 이정표가 되었다. 그리고 이것은 '자칼의 선물' 속에는 풍성한 열매들이 들어 있다는 확신을 가지고 그것을 두려움 없이 맞이하고 다루고 밖으로 드러내는 일을 지속적으로 할 수 있는 용기를 주었다!

주해:
기린의 태도와 기린의 언어가 처음에는 우리에게 낯설게 다가온

다. 우리가 경험하는 것들을 이 네 단계에 맞춰 표현하기 시작하면 처음에는 번거롭고 부자연스럽기도 하고, 인위적이라고 여겨질 수도 있다. 그러나 겁을 먹고 도중에 포기하지 않기를 바란다.

다음과 같은 아주 명료한 형식을 잘 지켜 가면 그 안에서 확신을 얻게 될 것이다.

- 평가를 섞지 않고 정말로 순수한 관찰만 표현하기
- 다른 사람의 행동을 내 나름대로 해석하지 않고 우리의 느낌 표현하기
- 욕구를 그것을 충족시키는 수단, 방법과 혼동하지 않고 우리의 욕구 표현하기
- 그리고 마지막으로, 강요나 '막연한 희망 사항'이 아니라 구체적인 부탁을 명확히 표현하기!

4단계 체크리스트

여

아래의 짧은 요약은 네 단계를 구체적으로 적용할 때, 실용적인
가이드 역할을 할 수 있을 것이다.

1. 반응이 일어나게 된 계기 서술하기, 일어난 일과 원인에 대한 관찰

   나와 상대방, 각자는 어느 대목에서 그리고 무엇에 마음이 상
   했는가? 이런 대화를 하게 만든, 나와 상대방이 보고, 듣고, 생
   각하고, 느끼고, 기억하고, 상상하는 것은 무엇인가?

2. 이 순간 각자의 마음속에 어떤 느낌들이 살아 움직이는가? 이 느
   낌들이 어떤 영향을 주는가?

   예를 들자면, 나는 … 두렵다, 슬프다, 절망스럽다, 만족스럽지
   않다, 긴장하고 있다, 불안하다, 궁금하다, 끌린다, 즐겁다, 행
   복하다, 감동받았다 등이 있다.

3. 나의 욕구들 중 어떤 것이 지금 이 느낌의 근원인가?

예컨대, 나는 … 정서적 안정, 확신, 소속감, 자율성, 개성, 삶의
의미, 자유, 존중, 평등, 유대, 이해 등이 필요하고 중요하다고
표현할 수 있다.

4. 이러한 개인적인 욕구를 충족하기 위해 나는 지금 무엇을 하고 싶
은가, 또는 다른 누군가가 '지금 여기서' 아주 구체적으로 무엇을
해 주기를 바라는가?

예를 들자면, 공감하며 잘 들어 주는 것, 동의, 심사숙고, 대답,
행동 등이 있다.

이것과 더불어 '듣기'도 기억하기 바란다. 자칼의 귀는 공격, 비
난, 책임 전가, 평가 등을 듣는다. 그러면 내 안의 자칼은 반격하거
나 자책하는 반응을 한다. 기린의 귀는 나 자신이나 다른 사람의
느낌과 욕구에 관한 메시지로 듣는다.

기린이 통역한 문장의 예들을 아래에 조금 더 소개하겠다.

첫 번째 단계 평가 없이 관찰하기

66 실제 일어난 일에 대해 내가 어떻게 서술하는가? 99

나의 관찰은 나의 평가와 이렇게 섞여 있다.	증명할 수 있는 실제의 일에 대해 서술한다.
이건 미친 짓이야!	너는 우리 열두 명이 한꺼번에 네 차에 탈 수 있다고 이야기하는데…
너는 이기적이야!	상을 차리면서 다른 사람 자리는 안 챙기고 네 자리만 준비하는 것을 보면…
그 남자는 떠버리야!	저 마이어 씨는 벌써 15분 동안 쉬지 않고 이야기하고 있고, 수잔은 아무 말도 안 해.
우리 옆집 여자는 하루 종일 시끄러워!	우리 옆집 여자는 아침이나, 점심이나, 저녁에도 내 서재에서 그 소리가 들릴 만큼 큰 소리로 이야기한다.
애들은 정말 신경에 거슬려!	아이들이 오늘 아침부터 지금까지 축구를 하고 있어.

두 번째 단계 해석 대신 느낌

❝ 나의 느낌에 대한 책임을 어떻게 스스로 지는가? ❞

내 느낌이 이렇게 되도록 상대가 어떻게 영향을 끼쳤는지, 느낌을 해석과 함께 섞는다.	해석과 평가 없이 내 느낌에 이름 붙인다.
난 조롱당한 느낌이다!	혼란스럽네. 나는 다른 사람들을 대할 때 정직하고 진실한 것이 중요하거든.
네 수다에 완전히 질렸어!	나는 지칠 대로 지쳤어. 일단 쉬고 싶어.
나는 무시당한 느낌이야!	절망스럽군. 나는 더 많은 협력과 지원이 필요한데…
난 당신한테 무시당한 느낌입니다.	신경이 쓰이네요. 제가 중요하게 여겨지는 것도 필요합니다.
내 느낌에 너는 어떤 비평도 견디지 못하는 것 같아!	실망스럽네. 나는 더 많은 수용이 필요해.

〃 내 욕구에 대한 책임을 내가 어떻게 지는가? 〃

내 욕구와 직면하는 것을 피한다.(자칼 언어)	나는 내 느낌을 그 뒤에 있는 욕구의 신호로 본다. 이로써 내 느낌과 욕구에 대한 책임을 스스로 진다.
그녀가 나를 떠났기 때문에 슬프다	유대와 소속감이 중요한데 그게 이루어지지 않아 슬프고 쓸쓸하다.
그녀가 자신에 대해서는 한마디도 하지 않기 때문에 불안해.	나에게는 친밀한 관계나 확신이 필요하기 때문에 불안하다.
네가 나를 정말 곤란한 상황에 빠뜨린 기분이야!	나는 지지와 협력이 더 필요하기 때문에 지금 혼란스럽다.
네가 너무 늑장 부리는 통에 정말 짜증이 나.	내 시간을 어떻게 쓸지 내가 결정하고 싶기 때문에 짜증이 난다.
네가 그렇게 크게 소리 지르니까 겁이 나!	지금 무서워. 나는 안심하고 싶어.

❝ 상대방이 기꺼이 들어줄 수 있도록
어떻게 내 부탁을 표현할까? ❞

모호하고 일반적인 소원이나 감춰진 강요로 부탁한다.	'지금 여기서' 실현 가능한 행동을 구체적으로 부탁한다.
내 프라이버시를 존중해 줘!	내 방에 들어오기 전에 노크해 줄 수 있니?
좀 조심해 주세요!	문을 조용히 닫아 주시겠어요?
말 좀 들어!	네가 무엇을 들었는지 나한테 말해 줄 수 있을까?
집 안 정리정돈 좀 해!	네가 부엌에서 사용한 것들, 지금 바로 제자리에 놓아 줄래?
난 동등하게 대접받고 싶어!	그 사례비, 50 대 50으로 나누어 줄래?

제3장

기린과 자칼이 함께 춤출 때

댄스 플로어 위에서

대화는 사람들 사이에서 일어나는 예측할 수 없는 생생한 만남
이다. 이럴 때, 비폭력대화의 네 단계는 우리가 생동하는 자기 내
면의 힘과 항상 연결되어 있도록 지지해 주는 그물과 같은 역할
을 하며, 공감하는 내적 태도는 따뜻하게 비추는 햇살과 같아서,
자동화된 대화의 장애물들로 인해 생겨나는 안개 같은 것을 계
속해서 풀어내고 걷어내 준다.

　다음 사례를 보며, 자동화된 자칼식 습관으로 나누는 대화가
그중 누군가가 다른 반응을 보일 때 어떻게 달라질 수 있는지 살
펴보겠다.

저녁 식사

저녁 8시가 조금 넘었고, 티나의 거실에 있는 전화가 울린다. 전화를 받으니 그녀의 연인 톰이다. 두 사람은 이 시간 즈음에 톰이 가져온 음식으로 저녁 식사를 함께하기로 했었다.

> **톰**   나 아직 집에 있는데, 먼저 뭔가 먹고 있어도 돼. 한 9시쯤에 갈게. 시간이 좀 필요해서 그래.

첫 번째 상황: 티나와 톰이 자칼 회전목마에 타고 있을 때
여기 똑같이, 아니면 비슷한 양상으로 매일 수천 번씩 벌어지는, 눈덩이가 불어나는 것과 비슷한 자칼 대화의 예를 한 번 더 소개한다.

> **티나**   뭐라고? 일 끝내고 여기로 오는 길에 타이 식당에 들러서 우리 저녁 식사할 것 좀 가져온다고, 네가 먼저 오늘 낮에 말했잖아! 더군다나 오늘부터 우리가 기다리던 긴 주말이 시작되잖아!
>
> **톰**   내가 그랬어? 음…… 그러게……. 네가 지금 그렇게 말하니까 희미하게 기억은 나는 것 같네. 하지만 내 마지

막 상담이 취소돼서 집으로 왔어. 어쨌든 나는 아직 집이고, 이미 저녁은 먹었어.

티나   뭐라고! 정말 정신 나간 것 아니야? 네가 먼저 꺼낸 얘기잖아. 그래 놓고 지금 어쩔 수 없다고 오리발을 내밀어? 정말 믿을 수가 없네!

톰   제발 아무것도 아닌 일 가지고 그렇게 침소봉대하지 좀 마. 그렇게 시나리오를 써야겠어?

티나   시나리오 쓰는 거 절대 아니거든! 먼저, 네가 여기 도착했어야 할 시간에 전화를 하고, 그리고 약속한 대로 음식을 가져오기는커녕 "먼저 뭔가 먹고 있어도 돼."라고 말하면서 더구나 그 일에 대해 화내지 말라고? 정말 참을 만큼 참았어! 우리 다시 안 봐도 나는 전혀 상관없어.

톰   나 좀 가만히 놔둬 줘! 네가 급하게 뭔가 바꾸는 바람에 내가 얼마나 자주 거기에 맞추느라 힘들었는지 너는 알기나 알아? 그냥 긴장 좀 풀고 있을 수 없어? 안 그러면 이 저녁이 시작도 전에 끝나겠다. 주말은 말할 것도 없고!

낯설지 않은, 이런 악화일로의 나선형 대화 중일지라도, 날카로운 자칼의 발톱으로 서로 비난하며 상처를 내는 대신, 톰이나 티나, 아니면 두 사람이 동시에 기린 춤으로 스텝을 바꾸어 춘다면 언제든 전환의 가능성은 열려 있다.

관건은 둘 중 한 사람이 자동화된 악순환에서 '깨어나' 기린 낙하산 줄을 당기는 것이다. 이제 이 대화가 어떻게 다른 방향으로 흐를 수 있는지 세 가지 버전으로 소개하겠다.

두 번째 상황: 기린 티나

티나는 기린 언어를 잘 알고 있고 톰은 그것이 무엇인지 모를 때, 이 상황은 다음과 같이 전개될 수 있다.

> **톰** 나 아직 집에 있는데, 먼저 뭔가 먹고 있어도 돼. 한 아홉 시쯤에 갈게. 시간이 좀 필요해서 그래.

티나는 톰의 말 중에 "먼저 뭔가 먹고 있어도 돼!"가 마음에 걸렸다. 그렇지만 오래되고 자동화된 생각의 틀에 사로잡히기 전에 자신이 대안을 가지고 있음을 상기한다.

> **티나** 톰, 잠깐 나한테 시간을 좀 줘. 지금 내 속에서 자칼이 춤을 추고 있는데, 정말로 무엇이 문제인지 먼저 나를 좀 살펴보고 싶어.

티나는 4단계 체크리스트를 염두에 두고 자신에게 묻는다. 바로 지금, 내 안에서 무엇이 자극으로 작용했지? 내가 무엇에 반응하고 있지? 내가 들은 것은 구체적으로 무엇이지? 그리고 내가 어떻게 느끼고 있지? 그리고 내 느낌과 비난을 섞지 않도록 조심해야지, 안 그러면 '나의 세계'를 '그의 세계'에 휩쓸리게 해서 나 자신을 정확히 파악하지 못할 거야. 내 욕구들 중에 지금 무엇이 채워지지 않았지? 그리고 나 또는 톰, 아니면 다른 누군가라도 지금 그 욕구들을 돌보기 위해서 무슨 일을 할 수 있을까?

그녀는 자기 내면으로 주의를 기울이며, 자신이 전혀 다른 기대를 하고 있었기 때문에 혼란스럽다는 것을 알아챘다. 그녀는 신뢰, 안정, 휴식 그리고 즐거움 등을 경험하게 되리라고 기대하고 있었다. 그 기대는 서로 약속을 했고, 톰이 뭔가 음식을 가져오기로 했다는 데에서 비롯한 것이다.

그녀의 언행일치와 명료함에 대한 욕구는 채워지지 않았다. 그리고 이제는 친밀함도, 둘만의 여유 있고 특별한 주말의 시작도 기대에 어긋났기 때문에 슬프다는 것도 알아차린다. 거기에는 유대와 무언가 특별함에 대한 욕구도 있었다.

이제 티나는 톰과 다시 이야기할 수 있는 상태가 되었다.

티나   오케이, 톰. 네가 방금 전화로 "먼저 뭔가 먹고 있어도 돼."라고 말했을 때(자극, 관찰), 나는 당혹스럽고 섭섭하기도 했어(느낌). 왜냐하면 지금 상황이 내가 생각했던 것과는 전혀 다른 식으로 전개되고 있거든.(확신, 안정, 휴식, 즐거움에 대한 욕구) 그리고 지금 뭐가 뭔지 어리둥절하기도 해.(느낌) 나한테는 명료함과 언행일치가 중요해.(욕구) 내가 기억하기에 오늘 우리는 저녁 약속을 했고, 네가 타이 식당에서 뭔가 가져오기로 했어. 너도 그게 기억나는지 말해 줄래?(부탁)

톰 아, 그랬어? 지금 네가 그렇게 말하니…… 뭔가 어슴푸레 떠오르기는 하네. 하지만 내 일정이 바뀌는 건 나도

110

기린과 자칼이 함께 춤출 때

어쩔 수 없다고.(책임 떠넘기기) 마지막 상담이 취소되었고, 한 번 더 집으로 와야 했으니까. 그러니까 어차피 타이 식당은 들르지 못했을 거야.(책임 떠넘기기) 그리고 우리 약속도 반드시 지켜야 하는 거라고는 생각 안 했어.(과소평가하기)

티나는 톰의 방어적인 '자칼식' 반응을 들으며, 자신의 메시지가 '선명한 기린 언어'였는데도 톰이 그것을 '비난'으로 받아들였다는 것을 알아챈다. 톰은 티나의 말을 '자칼 귀'로 듣는 것이다.

추측건대, 톰은 티나가 자기에게 책임을 떠넘기고 있다는 생각, 즉 자칼의 장애물에 걸려서 티나가 전혀 그런 말을 하지 않았는데도 속으로 자기 스스로를 괴롭히고 있을 터이다. 또한 그는 자기가 어떻게 느끼는지, 무엇이 필요한지 솔직하게 표현하지 않는다. 톰은 자신의 느낌, 욕구 들과 연결되어 있지 않고, 그것이 무엇인지도 모른다.

티나는 자기 공감과 4단계로 정리된 처음 표현들을 통해 든든히 딛고 설 터를 다졌다. 그녀는 톰의 표현을 느긋하게 받아들이면서, 지금 상태로는 자기가 무슨 말을 해도 그가 제대로 들을 수 없음을 알아차린다. 그래서 톰이 연결을 가로막는 장벽을 넘을 수 있도록 지지하기 위해 그에게 손을 내밀기로 마음먹는다.

그녀는 다시 네 단계의 체크리스트를 방향키로 삼고, 톰의 입장에 서서 지금 그의 마음속에서 벌어지고 있는 일에 공감한다. 톰의 마음을 가볍게 하고, 그의 느낌들을 알아채고, 그의 욕구들이 드러날 수 있도록 하기 위해 그녀는 아주 구체적인 질문을 던진다. 이때 그녀의 질문이 '과녁에 적중'하는지 여부는 전혀 중요하지 않다. 그저 무엇이 잘못되었을지 추측할 뿐이다. 티나의 주의 깊은 관심이 이미 충분히 따뜻하고 친절한 대화로 초대하는 것이기에 톰은 긴장을 풀게 된다.

> 티나 　톰, 우리 주말이 망쳐졌을까 봐 네가 걱정하는 것으로 들려. 그래?(즐거움, 조화, 의견 일치에 대한 욕구)
>
> 톰 　응, 조금! 나는 너랑 정말 행복한 시간을 보내고 싶어!
>
> 티나 　그리고 내가 지금 화가 난 것 같아서 네 마음이 조금 불안하기도 해?(유대에 대한 욕구)

톰은 스스로 호기심이 생기고 자신을 탐색하기 시작한다. 이제 함께하는 탐색 프로세스가 시작된다.

> 톰 　응! 그래서 기분이 안 좋아. 뭔가 불편한 느낌이 있어.

톰의 내면에서 먼저 느낌, 욕구 들과 연결의 끈이 이어진 후에, 티나는 두 사람이 상황을 어떻게 달리 보고 있는지 설명하려고 한다.

티나 톰, 나는 네가 애정이 식어서 그랬다고는 전혀 생각하지 않아. 하지만 네 말을 내가 제대로 이해했는지 확인하고 싶어서 그러는데, 네 생각은 우리 약속은 가능하면 지킨다는 거지 꼭 지켜야 하는 건 아니라는 거지?

톰 응, 맞아!

티나 게다가 네가 타이 식당에서 뭔가 가져오겠다고 했을 때와 그 후의 상황도 달라졌다는 거고?

톰 응, 바로 그거야! 그것도 아주 약속 시간이 임박해서! 그래서 나도 생각이나 계획이 뒤죽박죽되었지.

두 사람의 관계는 조금 더 돈독해졌고, 활짝 열린 기린의 길이 두 사람 앞에 놓여 있다. 티나는 어떤 느낌들과 욕구들이 톰을 움직였는지 계속해서 찾아본다. 이 과정에서 티나는 마음속에 항상 네 단계를 길잡이로 세워 둔다.

티나 그리고 네가 많이 놀란 것 같아.(느낌) 너는 우리 두 사람 사이의 조화롭고 화기애애한 연결도 중요한데 각자 상상하는 것들이 너무 달라서 의외였어?(조화와 연결에 대한 욕구)

톰 그래, 바로 그거야. 당연히 우리 두 사람이 서로를 잘 이해하고 있다는 것이 나한테는 정말 중요해.(연결, 조화에 대한 욕구) 조금 전에 네가 네 안에서 자칼이 춤추고 있다고 했을 때 나도 기분이 엉망이었어. 지금 네가 나한테 마음을 열어 주니 내 마음이 정말 가벼워졌어.

티나 응, 나도 우리 두 사람 사이에 다시 접점이 생겨서 기뻐.

톰 우리 주말이 이런 장애물과 함께 시작되어서 정말 유감이야.

티나 나도. 우리 사이가 어색하지 않고 부드럽고 편안한 것은 나에게도 중요하거든.

톰 그리고 우리가 함께 이 상황을 잘 해결해서 정말 기분이 좋아. 나에게 여유 있게 대해 줘서 정말 고마워. 나는 지금 정말, 진심으로 새롭게 시작하고 싶고, 너랑 함께 어떻게 하면 우리가 오늘 저녁을 더 특별하고 멋지게 보낼 수 있을지 의논하고 싶은데, 너는 어때?(부탁)

티나 음! 그래, 아주 멋진 생각이야! 어떻게 될지 정말 흥미롭다!

기린과 자칼이 함께 춤출 때

그러나 이 장면 역시, 톰이 자신 안에 있는 기린의 힘에 닻을 내리고 있고 티나는 자칼 속에 숨어 있는 경우 전혀 다른 식으로 전개될 수 있다.

세 번째 상황: 기린 톰

톰이 기린이고 티나는 비폭력대화에 대해 아는 것이 별로 없을 때, 그 대화는 이렇게 흐를 수도 있다.

톰 나 아직 집이야. 너 먼저 뭔가 먹고 있어도 돼. 시간이 조금 더 필요하네. 한 아홉 시쯤에 갈게.

톰은 자기 일에 몰두해 있었고, 저녁 약속에 대해서는 어슴푸레한 기억만 가지고 있다. 실제로 그는 뭔가 문제가 있다고는 생각하지 않는다.

티나에게는 마른하늘에 날벼락 같은 이야기다.

티나 뭐라고? 일 끝내고 여기로 오는 길에 타이 식당 들러서 저녁 식사할 것 가져온다고, 네가 먼저 오늘 낮에 말했잖아! 더군다나 오늘부터 우리가 기다리던 긴 주말이 시작된다고!

톰은 티나의 반응에, 그녀가 자신과 다른 기대를 하고 있었다는 것을 알아챘다.

톰   오! 이럴 수가……. 그러네! 지금 네가 얘기하는 것을 들으니……! 음…… 여하튼, 티나, 내가 그 일을 잊어버렸어. 그런데 나는 그 약속을 꼭 지켜야 할 것으로 생각하지는 않았거든!

티나   말도 안 돼! 네 말은 믿을 수가 없어! 이건 네가 먼저 꺼낸 이야기잖아! 그러고는 지금 그냥 잊었다고? 나는 지금 무시당한 기분이야!(해석된 느낌) 차라리 집에 있고 싶으면 그냥 그렇다고 말해!(비난)

톰은 티나가 얼마나 화가 났고 혼란스러운지 알아챈다. 톰은 기린으로서, 티나의 자칼스러운 표현을, 그 뒤에 있는 느낌과 채워지지 않은 욕구를 비극적으로 표현하는 말로 듣기 때문에 차분하게 기다린다. 그리고 그 어떤 화제도 자기 내면의 긍정적인 마음을 가로막지 않기 때문에, 그는 티나를 열린 마음으로 편견 없이 대할 수 있다. 그는 그녀 안에서 무엇이 요동치고 있는지 듣고 받아들이며, 티나가 그녀의 실제 느낌들과 욕구들을 찾을 수 있도록 자신의 언어로 도움을 줄 준비가 되어 있다.

톰   음. 그래…… 충격 받았구나.(느낌) 너에겐 말과 행동이
     일치하는 게 중요하기 때문이니?

티나 그래!

톰   …… 그리고 다른 사람을 믿을 수 있는 것도 중요하
     고?(온전함, 신뢰, 성실에 대한 욕구)

티나 그래, 당연히 나한테는 중요해! 오후 내내 정말 행복했
     고, 어떤 시간이 될지 상상하면서 멋진 그림을 그리고
     있었는데…… 그런데 지금 이렇게! 너는 어쩜 이렇게 신
     뢰할 수가 없니!(비난)

톰   네가 여전히, 그렇게나 혼란스러운 것은(느낌), 지금 네
     기대와 달리 모든 게 달라졌기 때문이니(확신, 예측 가
     능성, 연결에 대한 욕구)? 그래?

티나 응! 이건 마치 총천연색의 아름다운 경치를 구경하고
     있는데 갑자기 해가 사라지면서 모든 색깔이 없어진 거
     랑 같아.

톰   정말 실망스럽겠구나, 그래?(느낌)

티나 그래, 물론이지! 정말 기대하면서 즐거워했는데! 그 즐
     거움으로 둥둥 떠 있다가 제대로 저격당해 추락한 느
     낌이야!

톰은 세심한 주의를 기울이며, 티나가 여유를 가질 수 있도록 잠깐 침묵한다. 공감은 말 한마디 없이도 일어날 수 있다.

(약간의 시간이 지난 후)

티나   지금 나는 정말 슬퍼!

톰   응. 나도 느끼고 있어. 할 수만 있다면 지금 이 전화선을 타고 너한테 가서, 너를 안고 위로해 주고 싶어. 티나, 아주 잠시만이라도 그렇게 상상할 수 있을까?(부탁)

티나   좋아, 알았어! 지금은 네가 내 옆에 있는 것처럼 느낄 수 있어서 정말 좋아. 특히 조금 전에 내가 정말 분노했을 때 네가 화를 내지 않았을 뿐 아니라, 오히려 주의를 집중하면서 나와 함께 머물러 준 것이 내게는 큰 도움이 되었어.

약간의 깊은 후회의 한숨이 들린다.

톰   응, 나도 염려되는 것도 있고, 후회도 있어.(느낌) 우리 주말의 시작에 이런 그림자가 드리워지고(조화에 대한 욕구) 우리의 약속이 어긋난 것이(신뢰, 온전함에 대한 욕구) 정말 아쉽네. 나도 주말을 즐겁게 시작하는 것에 대

해 큰 기대가 있었거든……(즐거움, 축하에 대한 욕구)

티나 고마워! 이제 기분이 다시 괜찮아졌어. 내 생각에, 이 일은 이제 내가 납득할 수 있을 것 같아.

톰   그래도 내 마음에 있는 것을 한 번 더 말하고 싶어. 너랑 한 약속은 나에게도 중요하다는 거야.(존중, 신뢰에 대한 욕구)

티나 고마워, 그렇게 얘기해 주니 마음이 더 가벼워졌어.

톰   나는 오늘 오후 마지막 상담이 취소되어서, 계획했던 대로 너한테 곧장 가는 대신 한 번 더 집으로 와야 했어. 그리고 사실 우리 약속을 심각하게 생각하지 않았고……. 그런데도 너한테 바로 전화하지 않고 지금에야 연락해서 미안해!(온전함, 정직, 유대에 대한 욕구)

티나 괜찮아. 그럼 우리 지금이라도 새로운 계획을 세우는 건 어때? 저녁이야 이제 막 시작했으니까! 내 생각에는……

앞의 두 장면에서는 대화가 진행됨에 따라 티나와 톰, 두 사람 사이에 주고받으며 추는 춤이 생겨났다. 자기 공감과 솔직한 자기 표현이 번갈아 표현되는데, 이는 상대방의 말을 공감으로 경청함과 동시에, 그 상대방이 그런 순간을 경험하면서 자신의 느낌과 욕구가 무엇인지 명료하게 알아차릴 수 있도록 돕게 된다.

마지막으로, 중요한 두 기린들 간의 대화가 있다. 티나와 톰, 두 사람이 처음부터 솔직하게 그리고 공감하며 대화할 수 있다면 그 대화는 어떻게 이어질까?

네 번째 상황: 티나와 톰이 함께 기린 춤을 출 때

만약 티나와 톰이 비폭력대화의 내적 태도에 닻을 내리고 있으며 그것을 익숙하게 적용할 수 있다면, 대화는 다음과 같이 흐를 터이다.

톰은 그가 다른 일에 빠져 정신이 없었다는 것과, 그래서 티나와 한 반쪽 약속을 잊었다는 것을 알아챘다. 그는 티나에게 전화를 걸어 솔직한 자기표현과 티나 입장에서의 공감으로 말을 시작한다.

> 톰   안녕, 티나, 시간이 이렇게 됐는지 지금에야 봤어. 깜짝 놀랐고 암담하기도 하네. 너는 분명히 나를 기다리면서, '왜 안 오나?' 하고 걱정했을 텐데…….
>
> 티나   응, 기쁜 마음으로 너를 기다리고 있지!
>
> 톰   오늘 오후에 마지막 상담이 갑자기 취소돼서 사무실에서 나와 먼저 집으로 왔어. 그러고는 컴퓨터 작업에 빠

져 버렸네.

티나   으응……?

톰   조금 전에는 너무 배가 고파서 뭐를 좀 먹었고. 그러고
는 너한테 전화하는 걸 완전히 잊어버렸어. 우리 뭔가
같이 하자고 이야기하지 않았었나? 그게 뭐였는지, 그
이상은 확실히 생각나지 않아서. 우리 뭐 하자고 했지?
그리고 지금 네 상황은 어때?(명료함, 상대방과의 연결
에 대한 욕구)

티나   네가 타이 식당에서 뭔가 주문해서 가져온다고 해서,
그러기로 했었어.

톰   이런!

(잠시 후)

티나   정말 맥 빠지고 실망스럽네. 그리고 내가 기대했던 것과
전혀 다르게 돌아가서 슬프기도 하고.(느낌/예측 가능
성, 신뢰에 대한 욕구) 우리의 긴 주말을 뭔가 맛난 음
식으로 시작하는 것을 기대하면서 기뻐했거든…….(느
낌/축하, 연결에 대한 욕구) 그런데 네 말을 들어 보니,
네 상황이 지금은 달라졌을 뿐 아니라 전혀 다른 일에
몰두하고 있고……. 그래서 지금 내가 화가 났거나 슬퍼

제3장 기린과 자칼이 함께 춤출 때

할까 봐 걱정돼? 너한테는 나와의 친밀하고 조화로운 관계도 소중하기 때문이야?

톰 응. 너와 나 사이의 자연스럽고 따뜻한 분위기는 나한테 정말 중요해. 네가 그런 소소한 의식을 얼마나 좋아하는지 나도 알고 있거든! 우리 약속에 좀 더 신경 쓰지 못해서 그래서 더 속상해.

톰은 약속에 대해, 그것을 중요하게 여기고 주의를 기울이려는 자신의 욕구가 채워지지 않은 것을 알아챔으로써, 스스로를 평가하며 자책하지 않고 일어난 일에 대해서 애석해할 수 있다.(뒤의 '죄책감'에 관한 절 참조) 그와 함께 자신의 행동에 대한 책임을 스스로 진다. 그리고 티나도 같은 애석한 마음으로 톰을 대하게 된다. 이를 영어로는 "Shit happens!"(뭐, 그런 일도 있는 거지!)라고 말한다.

티나 음, 나도 일이 이렇게 돼서 애석하네.

(잠시 후)

톰 티나?

티나 왜?

톰   내가 지금 좀 생각해 봤는데. 너, 혹시 벌써 다른 계획
     세웠어?

티나 아직…… 들어 볼게, 말해 봐!

톰   내가 지금 바로 갈게. 가는 길에 아이스크림 집에 들러
     서 네가 좋아하는 캐러멜소스를 얹은 바닐라 아이스
     크림을 사 갈게. 그리고 나서는…… 아니, 여기까지…….
     너를 깜짝 놀래 주고 싶어. 어떻게 생각해? 동의하니?

톰은 이런 애도의 과정에서 자기 행동에 대한 책임을 스스로
졌다. 그 구체적인 증거는 톰이 지금 티나에게 특별한 즐거움을
주는 것을 중요하게 여긴다는 것이다.

티나 오! 호기심이 생기게 하네!

톰   나 벌써 출발했어!

내가 한 번 더 강조하고 싶은 점은, 기린으로 존재한다는 것이
꼭 부드럽고 조용해야 한다는 뜻은 아니라는 것이다. 그것은 나
자신을 호의와 호기심을 가지고 대하고 나 자신의 느낌과 욕구에
직접 연결되어 살아가며, 다른 사람들과는 관계를 맺으며 산다는
뜻이다.

내 (비폭력)대화의 핵심은 공감하는 내적 태도에 있다. 그리고 4단계를 적용할 때 사용되는 언어들은 음악에 비유하자면 '음표'로 생각할 수 있다. 바로 그 자리에서 악보에 충실하게만 연주를 할 수도 있고, 풍부한 감정을 실어 음악을 만들 수도 있다. 우리가 맞춰 춤을 추는 멜로디는, 그 음들을 이으며 관통해 흐르는 생명력으로 이루어진다. 나직하게 또는 강하게, 그리고 나의 공감은 기꺼이 받으면서도 나에게도 중요한 내 욕구들은 인정하지 않는, 귀가 어두운 자칼을 상대할 때는 크게!

공감 안에서 그들과 우리 모두 마음속 깊은 곳은 연민을 가진 존재임을 상기할 때, 사납게 울부짖는 자칼이나 욕을 퍼붓는 크산티페[1] 또는 양처럼 고집스러운 사람들조차도 마음이 움직이고 감동하는 남자들로, 여자들로 변화할 수 있다는 사실에 나는 매번 경탄한다.

그러면 우리는 춤추기를 어떻게 배울까?

대부분의 사람들에게 자신의 느낌과 욕구를 의식하는 과정은 처음에는 미지의 대륙에 발을 내딛는 것과 같다.

---

1   악처로 알려진, 소크라테스의 아내

126

기린과 자칼이 함께 춤출 때

내 개인적인 경험이나 내 세미나에 참석했던 사람들의 경험에 비추어 봤을 때, 처음에는 단계별로 나누어 어느 정도 연습을 하면서 그에 익숙해지는 것이 큰 도움이 된다. 예를 들자면 약 2주에 걸쳐 평가 없는 관찰을 표현하는 데 집중하는 것이다. 순수한 관찰은 카메라로 찍거나 녹음을 한 것처럼 객관적이어서 이의를 제기할 수 없다는 특징이 있다.

다음으로는 2주에 걸쳐 자신의 느낌을 해석과 구별하는 연습을 한다. 생각과 감정을 일정한 개념들에 따라 분류하면 그것을 더 선명하게 의식하게 된다. 부록에 있는 '순수한' 느낌말과 '느낌으로 혼동하기 쉬운' 느낌말 목록을 참고하기 바란다.

그다음 2주는 자신의 행동 뒤에 있는 욕구를 찾는 과정이다. 순수한 욕구는 긍정적이고 보편적이며, 시대와 장소 또는 특정한 사람에 따라 달라지는 것이 아니다. 감각적으로 인식할 수는 없지만 분명하게 느낄 수 있다. 나는 항상 나 자신과 관련된 욕구만 가지고 있으며, 그와 동시에 이 욕구를 가지고 주변 사람들과 다양한 상호관계를 맺으며 살아간다. 이는 우리의 욕구가 빈번히 서로 의존하는 가운데 충족되기 때문이다. 도움이 되도록 부록에 욕구말 목록을 첨부했다.

마지막으로 중요한 것은, 그다음 2주에 걸쳐, 현실적인 삶 속에서 자신의 욕구를 돌보기 위해 어떤 부탁을 할 수 있는지, 자신의 풍부한 상상력을 마음껏 펼치는 것이다. 구체적인 예를 들자면, 네 단계의 도움을 받아 바로 지금 내 안에서 무엇이 생생하게 움직이는지(레안더와의 사례 참조) 명료하게 알아채는 것으로 '춤추기'를 시작한다. 그러고는 그와 같은 방법으로 상대방을 공감하며, 그 사람은 어떨지, 무엇이 필요할지 나 자신에게 물어본다.

그리고 내가 만약 감정에 어떤 영향을 받아 심하게 동요하고 있다면, 상대방을 연민의 마음으로 공감하기보다는 오히려 먼저 나를 공감해 줄 필요가 있다. 자기 공감을 위해서는 여러 가지 방법이 있다.

내 상대방이 바로 지금 나에게 필요한 따뜻한 위로를 줄 수도 있다. 이것이야말로 아주 특별한 선물이다!

또는, 내가 나를 연민의 마음으로 공감한다.

또는, 나 자신으로 다시 돌아오기 위해 먼저 거리를 두고(기린 낙하산!) 멈춤의 시간을 가진다.

또는, 좋은 친구들 중 누군가 또는 관련이 없는 제삼자의 도움을 받거나, 아주 심각한 갈등인 경우에는 전문적인 도움을 받아 차후에 있을 대화를 준비하기도 한다.

톰과 티나 사이에 있었던 여러 대화 사례와 마찬가지로, 생동하는 대화 안에서는 내가 (지속적으로) 나를 공감함과 동시에 상

기린과 자칼이 함께 춤출 때

대방을 공감하며 대화가 오가도록 마음을 씀으로써 '춤'이 생겨
난다. 가끔은 내가 스텝을 놓쳐, 정말 좋은 의도에도 불구하고 넘
어져서 서로의 발을 다시 밟을 수밖에 없는 자칼 댄스를 추게 될
수도 있다. 하지만 자칼 댄스가 어떤 파국으로 향할 수 있는지 알
고, 또한 내게 아주 확실한 대안이 있음을 분명히 아는 지금은 기
린의 멜로디를 기억하고 되살리기가 쉬워졌다.

    지속적으로 연습을 하다 보면 '기본 스텝 댄스'가 '프리스타일'
로 바뀌고, 더 나아가서는 내 고유한 내면의 멜로디에 따라 4단계
를 자유롭고 즉흥적으로 활용할 수 있는, 아주 개인적이고 일상
적인 '표현 댄스'로 발전하게 될 것이다.

자칼의 특별한 춤

이 절에서는 우리 안의 자칼에게 먹이를 주는 두 가지 일상적인 방법과, 이러한 자칼 먹이를 어떻게 기린 주스로 바꿀 수 있는지를 살펴보겠다. 바로 분노(화)와 죄책감에 관한 이야기이다.

내가 화가 나거나 죄책감에 빠져 있는 때는 내 자칼 귀가 결정적인 역할을 하고 있는 때이다. '분노'는 그 귀를 밖으로 향하고 있는 경우이고, 그 귀를 나 자신에게 향하는 경우에는 '죄책감'이 된다. 덧붙이자면, 수치심 역시 이 대열에 속한다.

분노와 죄책감은 나의 '자칼스러운' 사고 개념에서 나온다. 다시 말해, 도덕적 평가인 해석과 연계해 이를 '느끼는' 것이다. 죄책감은 내가 책임이 있다고 '생각하는' 것이기 때문에, '느낀다'라는 단어는 그러므로 전혀 적절하지 않다.

내가 분노할 때, '화'라는 느낌 위에 덧붙여지는 내 해석과 판단은 다른 사람들에게 화를 내거나 나 스스로 폭발하게 만드는 불쏘시개를 제공한다. '죄책감'에 빠질 때에는 그 해석과 판단이

제3장 기린과 자갈이 함께 춤출 때

나 자신을 바닥에 쓰러뜨리는 주먹이 된다.

도덕적으로 판단하고 평가하는 내 생각들이 내 욕구들로부터 나를 얼마나 멀리 떨어뜨려 놓을 수 있는지, 그럼으로써 얼마나 많은 삶의 에너지가 헛되이 사그라지는지는 분노나 죄책감의 경우에 특히 뚜렷하게 드러난다.

그렇다면 내 관심의 방향을 아주 조금만 바꾸면 연결될 수 있는 그 삶의 에너지를 왜 포기하겠는가?

충족되었을 때 육체적으로 확실하게 느껴지는 안심, 이완 그리고 에너지 충만 등을 가져다주는 내 원래의 욕구를 찾기 위해, 분노와 죄책감 뒤에 있는 실제의 핵심 느낌을 찾아내는 것은 그러므로 가치 있는 일이다. 실제로 내 긍정적인 신념과 내 느낌이 연결되었을 때에만 내 안의 기린과도 연결이 된다. 그리고 그랬을 때에야 비로소 나는 나와 다른 사람들을, 승자만 살아남을 수 있다고 믿으며 맹렬하게 싸우는 자칼이 아닌, 욕구를 충족시키려는 나와 같은 존재로 다시 볼 수 있게 된다!

자칼의 울부짖음 대신 기린으로 비명 지르기

격렬한 분노 대신 솔직하게 표현하기

> "파도를 막을 수는 없지만 파도 타는 법을 배울 수는 있다."
>
> —속담

나는 다음과 같을 때 화가 난다.

- 토요일 아침 8시, 옆집에서 전기톱이 "윙~" 소리를 내기 시작할 때
- 산책길에 견주들이 물거나 짖어대는 개를 목줄 없이 풀어 놓았을 때
- 우리 아들이 자기 운동화를 설거지용 수세미로 닦을 때

그렇다면 당신은? 당신도 가끔 화가 나는가?

나는 여러 상황에서 불같이 화를 내곤 했다. 그리고 이 화산

기린과 자칼이 함께 춤출 때

폭발과 같던 분노는 비폭력대화 덕분에 새롭고 생산적인 쪽으로 방향 전환이 되었다.

'화'를 주제로 하는 이야기를 나는 특히 좋아한다. 이것은 프롤로그에서 말한 내 염려, 즉 이 빠진 호랑이가 되는 것 같고 무기력하게 들리는 '비폭력'과 관계가 있다. 시간이 흐름에 따라 나는 '비폭력'은 '항상 무조건 부드럽고 조용하게만 접근하는 것'이 절대 아님을 분명히 알게 되었다. '비폭력적'이라는 것은 '비공격적'을 뜻하는 말이 아니기 때문이다. 오히려 그 반대이다. '공격(Aggression)'은 잘 알려진 대로 라틴어 'a-gre-dere'에서 온 말로서, 으뜸가는 뜻은 '~을 향해 가다'이다.

그렇다면 나는 무엇을 향해 가는가?

나는 내 활기차고 공격적인 기운을 지금 돌봐야 할 욕구들에 쏟음으로써, 그 욕구들이 생산적으로 펼쳐질 수 있도록, 구체적이고 질적으로 나은 방향을 제시할 수 있다.

또한 어떤 상황에서 '분노'가 끼어들었을 때에는—그리고 분위기가 심각해질수록 분노가 핵심 역할을 맡게 되는데—그 상황의 전환을 위해 4단계를 일반적으로 적용할 뿐 아니라, 심화 단계를 추가해야 할 수도 있다.

사진관에서

몇 달 전에 사진전을 개최한 적이 있었다. 그 전에 사진 인화를 위해 파일을 사진관에 맡기고 3주 동안 여행을 다녀왔고, 사진전 개막을 앞두고는 즐겁고 기대하는 마음으로 대형 사진을 찾기 위해 사진관을 찾았다. 그런데 한 직원이 사진들을 바로 찾아내지 못하고 여기저기 알아보더니, "그 사진들은 아예 작업에 들어가지도 않았습니다. 현상소에서 그렇게 큰 파일은 작업을 할 수 없다고 하네요."라고 전해 주었다.

나는 번개를 맞은 것 같았다. "그 사진들은 아예 작업에 들어가지도 않았습니다."라는 말이 나에게는 도화선이었다.

나   뭐라고요? 정말 말도 안 되는 것 아닌가요?

그 직원은 입을 삐죽이고 눈썹을 올리며 어깨를 으쓱하며 말했다.

직원   흠, 그 일에 관해서는 제가 손님을 도와드릴 수가 없군요. 제 책임도 아니고, 현상소에서…….

나는 배 어딘가에 있던 분노가 머리끝까지 치솟더니 거기서 소용돌이치기 시작하는 것을 알아챘다. 당신은 작고 날카로운 소리를 내며 날아가는 이 폭약 주머니를 알고 있는가?

"이건 정말 최악이군요. 나한테서 파일을 받은 그 남자가 그것을 직접 CD에 구웠다고요. 현상소에서 그것을 가지고 작업을 할 수 있는지 없는지 자기가 당연히 알아야 하는 것 아닌가요? 3주 전에 내가 오늘 필요하다고 분명하게 얘기했어요."

예전 같았더라면, 그 상황에 나를 더 몰입시키면서 내 안에 있는 분노에 먹이를 듬뿍 주었을 터이다.

'이 사람들은 약속을 했잖아. "전문점"이라니, 형편없는 가게 주제에! 이 따위로 무능력한 사람들이 있다니! 그리고 지금 나를 대하는 태도는 또 뭐야! 어깨를 으쓱하면서 아무 일도 아니라는 듯한 저 태도는! 자기들이 일을 이렇게 망쳐 놨으니 최소한 기가 죽거나 양심의 가책이라도 느껴야 하는 것 아닌가?'

이런 식으로 계속 새로운 분노의 폭죽이 내 머리에서 발사되었을 것이다.

제3장 기린과 자칼이 함께 춤출 때

물론 우리는 다른 사람의 태도에 영향을 받는다. 누군가가 무엇을 하거나 하지 않는 것이 우리 반응을 유발하는 도화선 역할도 하기 때문이다. 그렇지만 분노의 경우에는 우리 자신의 생각이 대단한 역할을 한다. 더 정확히 표현하자면, 내 판단하고 평가하는 생각이야말로 으뜸가는 분노 사육자인 것이다!

나의 전방위적 '분노 불꽃놀이'는 '그들은 무능력해! 여기는 형편없는 가게야! 이런 일은 절대 일어나서는 안 돼!'라는 주제에서 변형되어 일어난다. 앞에서 알아본 '자칼의 대화 도구'들 가운데 순수한 '당연히 ~ 해야만 해!' 버전이다. 상대방은 자신의 자칼 귀로 자연스럽게 그 표현에 내포된 비난과 공격을 듣고 바로 자칼 회전목마에 올라탄다. 이미 잘 알고 있는 과정과 결과가 펼쳐진다.

사진관에서 배에서부터 꿈틀거리던 내 공격성이 머리로 치솟았다. 내 끓는 에너지는 내 평가하는 생각들과 하나가 되어서, 다른 사람들에게 독화살 같은 말을 쏟아 버리고 싶을 만큼, 독을 품은 분노로 변했다.

나는 옳고 그름을 따지는 내 사고 체계에 사로잡혀 있는 것이다. 다시 말하자면, 내 자칼 감옥에 갇힌 것이다. 나는 상대방이 무엇을 잘못했는지, 누구 책임인지 등을 따지고 있다. 이런 생각들이 내 분노를 더 가속해서 내 안에 있는 자칼 회전목마를 빙글 빙글 돌게 만든다.

분노가 올라올 때, 비폭력대화에서는 '느낌을 온전히 표현할 것'을 제안한다. 이것은 상대방에 대해 자칼 마음이 꽉 찬 상태에서 자칼 언어로 내 생각을 말하라는 뜻이 아니다. 그것이 '나의 분노'라는 점을 기억하라는 뜻이다. "나 화났어!"를 독일어로 "Ich ärgere mich."[2] 라고 한다. 이 독일어 표현이야말로 얼마나 적절한가! 그리고 내 분노는 나의 평가하는 생각들에서 생겨난다.

그러나 이 끓어오르는 에너지를 어디로 향하게 한다는 말인가? 나는 먼저 한번 이성적인 방법으로 온 힘을 다해 이 폭풍우가 머릿속에서 몰아치도록 놔둔다. 필요하다면 물리적으로 그 상황을 떠나 상대방과 접촉을 피하면서 비난하고, 발을 구르고, 크게 소리를 지르고, 조깅을 하거나 나무를 패기도 한다. 어떻게 하느냐는 각자의 기질과 상황에 달린 문제이다.

그러나, 이것은 상대방을 신랄하게 비난하기 위한 것이 아니라, 나 자신과 온 힘을 다해 연결해 있기 위한 것이다. 내 분노의 강도를 통해 내 문제의 절박함을 측량할 수 있다. 정확히 표현하자면, 내 안의 커다란 결핍을! 분노와 함께 나타나는 그 강력한 에너지는 실제로는 내 욕구를 충족시키려고 최선을 다하고 있을 뿐이다.

---

2 직역하면, "내가 나를 화나게 한다."

이 점을 알기 때문에, 나는 그 분노 에너지를 억제함으로써 내 결핍을 숨기거나 얼버무려 넘기지 않고, 오히려 내면에 대한 관심과 성찰을 통해, 또는 밖으로 표현함으로써 그 에너지가 다시 흐르게 하려고 한다.

내 분노의 로켓이 발사되어 상대방에게 떨어지려고 할 때, 나는 바로 지금 내가 자칼 회전목마를 돌리고 있다는 것과, 이 에너지를 나의 욕구를 충족하는 데 활용할 수 있는 방법이 있다는 것을 의식한다. 그럴 때에 나는 내 평가하는 생각의 미로에서 걸어나와 다시 삶으로 되돌아간다. 이때도 그 유명한 4단계의 활용이 도움이 된다.

나는 이 4단계를 속으로 적용해 본다.

'저 직원이 내 사진들이 아직 준비가 되지 않았다고 말할 때(관찰), 나는 지금 화가 나는데(느낌), 이것은 약속을 믿고 의지할 수 있는 것이 내게 중요하기 때문이다.'

기린과 자칼이 함께 춤출 때

나는 검증된 방법을 통해 스스로를 '나는 화가 난다.'라는 느낌에서 나의 생생한 욕구인 '신뢰'로 옮아가도록 한다.

내가 화가 나는 것은 어쨌든 내가 도덕적으로 평가하는 자칼의 사고에 갇혀 있다는 증거이다! 그리고 그 상태로 있는 한, 나 자신과 그리고 상대방과 따뜻하고 진정한 연결은 이루어지지 않는다. 그때는 한 단계 더 깊이 내려가, 그 분노 뒤에 감추어진 느낌을 찾아야 할 때이다.

그 직원은 아주 간결하게 말했다.

"사진들은 없습니다!"

나는 아주 놀랐고, 냉정을 잃었다. 뜨거운 기운이 온몸을 뚫고 나오는 것 같았고, 속으로는 화가 치솟았다.

이것은 내 경고 신호였다.

나의 분노가 비수가 되어 그 남자를 찌르기 전에 나는 기린 낙하산 줄을 잡아당긴다. 알아차림! 마음을 가라앉히고, 내 안에서 그리고 기린 낙하산의 보호 안에서 마음속 자칼 회전목마가 마음껏 요동치도록 놔둔다.

'정말 최악이군! 뭐 이런 형편없는 가게가 다 있어! 나한테 확실히 약속까지 해 놓고! 나는 사진이 무조건 필요하다고! 그래서 특별히 내가 여행을 떠나기 전에 맡겼잖아! 월요일에 있을 전시회에 그것들을 걸어야 한다고! 뭐 이 따위가 다 있지! 내가 아무리 신중하게 계획을 세워도 끝에 가서는 꼭 뭔가 뒤틀리지! 그리고 이런 일이 처음도 아니고! 내가 왜 바보같이 이런 사람들을 또 믿었을까. 이런 일이 일어날 줄 알았어야 했는데!'

당신은 내가 밖으로 향했던 비난을 얼마나 빨리 나 자신에게 돌리는지 알아챘는가? 내 '자칼'이 어떻게 나조차 덥석 물어 버리는지? 사진 현상소 측에서 실수를 했든 내 잘못이든! 이 모든 것은 자칼의 울부짖음이다!

내 분노의 에너지가 내 안에서 언어로 표현되도록 놓아두는 동안, 맹렬했던 화는 조금씩 수그러들고 다시 두 발로 딛고 설 수 있는 따뜻한 발판이 마련된다.

어느 정도 시간이 흐른 후, 나의 끓어오르는 분노의 뒤를 이어 염려와 무력감이 자리바꿈을 하듯이 드러나는 것을 느끼며, 이어서 즉각적이고 시급한 욕구들이 느껴진다. 이것들은 내 결핍에 대한 공감, 내가 약속을 지킬 수 있도록 해 줄 지원과 협력에 대한 욕구 등이다.

그 직원에게 '자칼스럽게' 비난을 퍼부으며 가치를 깎아내리는 표현("형편없는 가게!")을 써서 내 안의 압박을 해소하는 대신, 기린으로서 '비명'을 지른다. 다시 말하면, 나의 절박함 속에서 강력한 '나-메시지'[3]를 통해 내 어려움을 표현하는 것이다. 내가 어떻게 느끼는지, 나에게 무엇이 필요한지 그리고 내가 어떤 부탁을 하는지. 이것을 비폭력대화에서는 '기린으로 비명 지르기'라고 한다.

그 직원이나 사진관에 대한 그 어떤 평가도 없이 내 느낌이 어떤지, 내 상황이 지금 어떤지, 그 사진들이 나에게 얼마나 중요한 의미가 있는지, 그리고 나에게 무엇이 필요한지를 아주 진지하게 이야기한다. 이런 방식은 그 직원과 정서적으로 연결될 수 있는 기회를 늘려 준다.

"사진들이 한 장도 현상되지 않았다고 말씀하셨나요? 이 상황에서 제가 무엇을 해야 할지 막막하군요. 저는 4일 안에 이 사진들을 가지고 전시회를 준비해야 하거든요. 이 상황을 이해하실 수 있나요? 이 사진들이 필요한 전시회 일정이 있다고요. 그냥 어

---

3 '나-메시지'의 기본 원리는 상대방의 행동 자체를 문제 삼는 대신 그의 행동에 대한 나의 반응을 판단이나 평가 없이 알려 줌으로써 반응에 대한 책임을 내가 지는 것이다.

떤 멋진 휴가를 기억하기 위한 것들이 아니에요!! 그 사진들은 다음 화요일에 갤러리 벽에 걸려 있어야 할 것들입니다. 당신이 '사진이 하나도 준비되지 않았다'고 말씀하실 때 제 마음이 어떨지 상상하실 수 있나요? 발밑에서 땅이 완전히 꺼져 버린 것 같아요. 혹시 어떻게든 저를 도와주실 수 있을까요? 이 사진들이 월요일까지는 완성될 수 있도록 무슨 방법이든 찾아야 해요. 안 그러면 무슨 일이 일어날지 상상조차 할 수가 없네요. 혹시 어딘가에 특급 서비스 같은 것이 있나요? 어떤 가능성들을 알고 계시는지 말씀해 주시겠어요?"

이 말이 그 직원의 마음에 닿았다. 그는 자신을 합리화하거나 책임을 미루는 올무에 걸리는 대신, 자발적으로 사장을 데리고 왔다. 건설적이고 자발적인 참여는 전염성이 있다. 우리는 해결책을 찾기 위해 서로 대안들을 제시했고, 그 사장은 현상소에서 그 일을 책임지는 실무 담당자에게까지 연락을 한 후, 개인적으로 알아본 정보를 더해서 전달 과정에 문제가 없도록 처리를 했다. 나는 정상적인 전달 과정을 생략하기 위해 직접 현상소에서 사진을 수령하겠다고 제안을 했지만 그럴 필요조차 없었다. 상식적으로 '최소한 열흘'이 걸리는 일이 단 이틀 만에 해결되었다. 그 사진들은 최상의 상태로 배달이 되었고, 나는 제때에 전시회를 개최

기린과 자칼이 함께 춤출 때

할 수 있었다. 물론 그 전시회는 대성황이었다.

한 번 더 짧게 요약해 보자.

느낌들이 단원이 되어 연주하는 오케스트라를 상상할 때, 화는 아주 특별한 역할을 맡는다. 한편으로 그것은 '순수한' 느낌이지만, 다른 한편으로 화는 절대로 혼자 오지 않는다. 화는 우리의 평가하는 생각들에 의해 불이 붙는데, 이 생각들은 우리에게 화를 내도 된다는 당위성을 제공하고, 우리가 화를 낼 수 있도록 돕는 역할을 한다.

그러므로 내가 화를 내는 어떤 상황이 벌어졌을 때, 온 힘을 다해 내 안에서 끓어오르는 격동과 마주하는 가운데 내 기린 낙하산 줄을 당기면, 내 주의가 환기되면서 방금 내 분노의 로켓이 높이 발사되었다는 것을 알아차리게 된다. 이럴 때, 나는 평가하는 생각들로 인해 생긴 분노를 상대방에게 풀어내는 대신, 잠시 동안 그 강렬한 에너지를 가지고 화가 내 머릿속에서 질주하도록 놔둔다. 이때 나는, 내 평가하는 자칼의 사고력이 그 물어뜯는 분노의 이빨로 바로 지금 실제로 내가 어떤지 직접적으로 느끼지 못하게 막으려 한다는 것을 기억하며, 그 자칼 생각을 공감으로 받아들인다. 그럼으로써 그 격렬했던 분노의 파도 뒤에 있던 나

기린과 자칼이 함께 춤출 때

의 깊고 '벌거벗은' 핵심 느낌이 점차로 껍질을 벗고 나오게 되며, 그제야 내가 사실은 단지 슬프다는 것, 외롭고 공허하다는 것을 느끼기 시작한다. 이 느낌들을 가지고 나는 4단계의 다음 단계인 바로 '지금 그리고 여기'의 생동하는 욕구로, 구체적인 부탁으로 나를 향하게 한다.

실수! 오, 얼마나 유감스러운지!

죄책감에 대하여

몇 달 전, 나는 '우리 집은 좀 더 멋지고 아름답게 보여야 해!'라는 충동에 끌려 정원 곳곳을 둘러보았고, 그 결과로 가지가 뻗쳐 앞 마당의 통로를 가로막고 있던 높이 3미터의 침엽수를 베어 버리 게 했다.

며칠 후, 식물학에 조예가 깊은 옆집 사람이 말했다.

"루스트 부인, 도대체 어쩌다가 그 아름답고 희귀한 측백나무 를 베어 버렸나요? 자라는 것도 정말 더딘 나무인데요!"

'흠!'

나의 자칼 귀가 바로 알아챌 수 있을 만큼 쫑긋 세워지면서 양심의 가책이 조용히, 살금살금 접근해 왔고 내 안에서 (자칼스 러운)'내면의 교육자'의 소리가 들려왔다.

'저 사람이 하는 말이 정말 맞아.(자칼의 평가가 재빠르게 끼어든다! 둘 중 하나는 옳다!) 세레나, 너 정말 구제불능이구나! 너 정말 실수했어! 그렇게 멋진 나무였는데! 50년이나 걸려서 자랐는데 단 10분 만에 잘라버렸구나!('너는 무능력해!'의 변형) 짐작건대 너는 그 어떤 것에도 경외심이라곤 없어! 얼마나 자기중심적인지! 정말 멋진 일을 해냈구나!(반어적 표현) 게다가 지금 보니 그 자리가 얼마나 삭막한지, 너는 정말 소중한 나무를 쓰레기로 만들었어! 부끄러워하라고!(지속적인 자칼 먹이 주기: 죄책감과 수치심!) 먼저 생각하고 나서 행동하는 것 좀 배워라! 너는 정말 멍청해…… 등등!'

당신 역시 이런 내면의 소리들을 알고 있는가?

나의 '내면의 교육자'는 이런 말들로 나에게 심한 비난을 퍼붓고, 나는 이것을 자칼 귀로 들으면서 내면으로 반응하기 때문에 그 말에 동의하며 이제는 정말 나에게 책임이 있다고 '느낀다'.

'그래, 맞아! 그 예쁜 나무를 사실은 그냥 그 자리에 놔둘 수도 있었는데! 나는 왜 항상 그렇게 조급하고 무분별하게 일을 처리해야만 하는지! 이제 보니 저기가 정말 흉측해 보이네. 얼마나 의미 없는 벌목인지! 정말 필요 없는 일이었는데! 저 옆집 사람이 도대체 나를 어떻게 생각할까? 분명히 교양도 없고, 센스조차 없는 여

자라고 생각할 거야!'

비극적인 점은 이 모든 생각들이 이미 벌어진 과거의 일들과 연관되어 있다는 것이다. "내가 ~했더라면" 또는 "내가 ~이었더라면"과 같은 말은 그 어떤 것도 바꿀 수 없다. 오히려 내 양심의 가책 안으로 나를 더 깊이 쑤셔 넣을 뿐이다.

나는 깊은 후회와 경직된 마음으로 밀폐되고 폐쇄된, 자칼의 죄책감 감옥에 갇혀 있게 된다. 지속적으로 이런 생각을 하다 보면, 결국 그것은 내가 나에게 가하는 '정당한 처벌'이 된다. 그러므로 죄책감은 흔히 두려움을 동반한다.

나는 '죄책감'이란 단어에 특별히 따옴표를 붙이는데, 이는 비폭력대화 의식 안에서 그것은 느낌이 아니기 때문이다. 이것은 자칼이 옳고 그름을 구별하기 위해 필요로 하는 사고 개념에서 생겨난다. 이 개념은 자칼이 영향력을 행사하고, 자신의 힘을 휘두르고, 자신의 우위를 확보하도록 돕는다.

이러한 '개념화된 느낌'은 화의 경우와 유사하게, 나를 생동하는 직접적인 욕구로 바로 이끌지 못한다. 그래서 그 죄의식 뒤에 있는 진짜 느낌을 찾아내는 것이 중요하다.

나는 내 '내면의 기린'에게 급히 SOS를 보낸다! 그러면 기린은 내가 죄책감의 구덩이에서 빠져나올 수 있도록 돕기 위해 안전한

기린 사다리를 나에게 내려 준다.

"너는 지금 네가 뭔가를 잘못했고, 그것이 네 책임이라고 생각하고 있는 거지, 그러니? 그래서 아마도 무기력하고 비참하고 어쩌면 겁이 날 수도 있어. 지금 너한테 공감이나 따뜻함 그리고 지원이 도움이 될까?"라고 기린이 공감하며 묻는다.

나는 긴장을 풀기 시작한다. 기린은 능숙하게 자신의 공감 단어들로, '죄의식'에서 내 느낌으로 건너갈 수 있는 연결 다리를 놓아 준다.

나는 기린에게 답한다.

"오! 네가 거기 있어서 정말 다행이야! 내 죄의식 때문에 바짝 말라 쪼그라든 건포도가 된 느낌이었어. 네 따뜻함과 공감에 감싸이다 보니 지금 다시 훨씬 안심이 돼. 그리고 싱싱한 포도처럼 내 생명력이 다시 돌아왔어."

내 '내면의 기린'은 내가 메마른 황무지와 같은, 평가절하하는 자칼 사고에서 벗어날 수 있도록 돕는다. 기린은 계속해서 "나는 지금 내 온 마음을 쏟으며 너와 함께 있어. 그리고 너에게 이 놀라운 기린 사다리를 계속 내밀어서, 네가 느끼고 필요로 하는 것들과 함께 다시 삶의 기쁨을 누리는 기린 세상으로 넘어올 수 있도록 할 거야!"라고 말한다.

나 자신을 향한 이런 공감의 자세를 통해, 이제 나는 나의 죄책감의 심연에서 완전히 떠오르게 된다. 자기 공감의 과정을 지속하며, 내가 그 멋진 나무를 너무 간단하게 베어 버린 것에 대한 깊은 애도가 내 죄의식 뒤에 깔려 있음을 발견한다. 그리고 그와 더불어, 나의 행동으로 인해 돌보지 못한, 성장하는 것, 살아 있는 것을 아끼고 존중하려는 내 욕구가 있었음을 감지한다.

만약 자칼 사고에서 나를 벗어나게 하는 앞의 선행 과정이 필요 없다면, 그리고 그 순간 이웃의 말에 바로 기린 귀를 내 안으로 향하게 하여 반응을 한다면, 그 과정은 다음과 같이 진행될 수 있다.

"루스트 부인, 도대체 어쩌다가 그 아름답고 희귀한 측백나무를 베어 버렸나요? 자라는 것도 정말 더딘 나무인데요!"

옆집 사람의 이 의견을 듣고 내 속에서 조용히 애도와 안타까움이 올라오는 것을 느끼기는 하지만, 내 '내면의 교육자'가 던지는 혹평이나 죄책감으로 자신을 비난하지는 않는다.

나의 안타까움은 내가 그 나무를 베어 버렸을 때 나에게도 소중한 어떤 욕구가 좌절되었음을 알려 준다. 나에게 성장하는 것, 생명이 있는 것에 대한 존중의 욕구가 있음을 알아채며, 이제 내가 어떻게 이 욕구들에 다시 부응할 수 있을지 생각하게 된다.

내 행동에 대한 책임을 기꺼이 지고, 발생한 손실을 완화하거나 다시 복구할 수 있는 대안을 찾고 싶어진다.

나는 옆집 사람에게 말한다.

"그러네요. 지금 그 말씀을 듣고 보니, 이 나무를 베어 버린 것이 저도 정말 안타까워요. 댁의 질문 덕분에, 그 나무가 얼마나 특별한 수종이었는지 더 분명하게 알게 되었어요. 그리고 저 역시 소중한 것들이 성장하는 데 필요했던 그 많은 시간을 존중하는 마음이 있답니다."

이 경험을 통해 나는 내가 소중하게 여기는 것에 대해 다시 한번 생각하게 되었다. 집 앞에 있는 키 큰 자작나무가 지붕을 가리는 데다 많은 일거리를 만든다는 이유로 베어 버릴까 했던 것을 원점으로 돌려 버린 것이다. 그뿐 아니라 그 측백나무가 있던 자리에 부들레아⁴를 심기로 마음먹었다.

이 부들레아는 나에게 삶의 리듬과 끊임없이 회복되는 생명력을 경험하게 하는 아주 특별한 상징이다. 매년 가을이면 가능한 한 깊게 가지치기를 하는데, 이 녀석은 그다음 해 여름에는 다시 당당한 풍채로 자라고, 꽃이 피고 향기를 내뿜어 주변을 날아

---

4 1~3미터 크기로 자라는 낙엽관목. '여름라일락'이라고도 부른다.

다니는 수많은 나비들에게 양분을 제공한다.

나는 이 과정 전체를 나의 '내면의 교육자'를 공감함으로써 완성시킬 수도 있다. 비록 비극적인 방법이었다 할지라도 내 '내면의 교육자' 역시 그 신랄한 비난과 죄책감을 통해 자신의 욕구를 충족시켰다. 그 욕구는 성장과 확장, 새로운 방법으로 자신의 일을 즐겁고 좀 더 쉽게 해내는 것에 대한 기쁨이다. 게다가 이웃을 공감으로 대할 수도 있었고…….

인간관계에서는 각자의 다른 면과 관점들이 얽히고설켜 서로 영향을 주고받기 때문에, 종종 복잡해 보이는 결과물이 생겨난다. 하지만 그에 상응하는 시간과 집중 그리고 연습을 통해 각각의 관점에 공감과 4단계를 적용할 수 있다.

짧게 요약하면서 마무리를 하려고 한다.

비폭력대화의 의식 안에서 나는 '책임이 있다고 느끼는' 것이 아니라 '책임이 있다고 생각한다.'라고 표현할 수 있다. 죄책감은 정신적 개념이지 느낌은 아니다. 내가 기린으로서 자칼의 죄책감 뒤에서 찾은 순수한 느낌은 안타까움과 슬픔일 때가 많았다. 이른바 핵심 느낌이라고 하는 이런 것들은, 내가 한 행동(나의 경우에는 나무를 베어 버린 일)으로 인해 충족되지 못한 나의 욕구들과 나를 연결해 준다.

죄책감은 자칼 세상에서 다른 사람의 기준에 순응하도록 부추기는 영향력 행사 수단이다. 죄책감에서 비롯한 생각은 나 자신뿐 아니라 다른 사람도 하찮고 연약하고 의존적인 존재로 만든다. 기린의 마음가짐은 더 생산적이고 더 자주적이기 때문에 훨씬 도움이 된다. 내가 어떤 일을 했는데, 그 일로 인해 다른 욕구들이 충족되지 않았을 뿐 아니라 그 일 자체도 완벽하지 않았다는 사실을 지금 내가 알아챈다는 말이다. 그것을 내가 안타까워하고 애도하는 것이다. 가끔은 물질적인 손실이 발생하기도 한다. 그럴 때, 채워지지 않은 욕구를 어떻게 돌볼 수 있을까? 발생한 손실을 벌충하기 위해 나는 지금 어떻게 한몫할 수 있을까?

존중과 감사: 언어의 만찬

닭이 된 독수리

옛날 어떤 사람이 새끼 독수리를 잡아 와서는 암탉, 오리, 칠면조가 섞여 살고 있는 닭장에 넣었습니다. 5년이 흐른 어느 날, 이 집에 자연과학에 조예가 깊은 한 손님이 찾아왔습니다. 두 사람이 함께 정원을 산책하던 중에 그 사람이 "저기 있는 저 새는 닭이 아니네요. 저건 독수리예요!"라고 말했습니다.

"네, 맞아요. 하지만 저는 저 녀석을 닭으로 키웠고, 이제는 다 커서 3미터가 넘는 날개를 가졌는데도 닭으로 살고 있지요."라고 주인이 말했습니다.

그 말에 손님이 말했습니다. "그렇지 않아요. 저 새는 여전히 독수리의 마음을 가졌고, 그 마음이 저 새를 하늘 높이 날아오르게 할 거예요."

"절대로 그럴 리가 없어요. 저 새는 이제는 닭 모이만 있으면 되기 때문에 절대로 날지 않을 겁니다."

두 사람은 실험을 하기로 했습니다. 그 손님은 독수리를 높이

기린과 자칼이 함께 춤출 때

들어 올리고는 선언을 하듯이 말했습니다. "너, 땅이 아닌 하늘에 속한 독수리여! 너의 날개를 활짝 펴고 날거라!" 그 독수리는 높이 치켜진 주먹 위에 앉아서 주위를 두리번거렸습니다. 그러고는 자기 뒤쪽에서 모이를 쪼고 있는 닭들을 발견하자마자 바로 그들에게 뛰어내렸습니다.

그러자 그 주인이 "제가 그랬잖아요. 그 새는 닭이 되어 버렸다고."라고 말했습니다.

"아닙니다. 아니라고요. 그 새는 독수리입니다. 우리, 내일 아침에 한 번 더 실험을 하지요."라고 손님이 말했습니다.

다음 날, 그 손님은 독수리를 데리고 그 집 지붕으로 올라가 독수리를 높이 들어 올리고는 말했습니다. "독수리야, 너의 날개를 활짝 펴고 날거라!"

그러나 그 독수리는 마당에서 흙을 파헤치고 있는 닭들을 보자마자 다시 그들을 향해 훌쩍 뛰어 내려가 함께 흙을 파헤쳤습니다.

"제가 마지막으로 한 번만 더 실험할 수 있도록 해 주세요."라고 손님이 부탁했습니다.

그 손님은 다음 날 아침 일찍 일어나, 독수리를 데리고 집에서 멀리 떨어진 높은 산기슭으로 갔습니다. 아침 해가 막 떠오르며 산봉우리들을 붉게 물들이고 있었습니다. 각각의 봉우리들은 찬란한 아침의 환희를 드러내듯이 빛을 발하고 있었습니다. 그는 그 독수리를 높이 쳐들고 말했습니다. "너는 독수리란다. 네 날개를 활짝 펴고 날거라!"

독수리는 주위를 두리번거렸습니다. 새로운 삶이 그에게 주어진 듯 몸을 부르르 떨었지만 날아가지는 않았습니다. 그때 그 사람이 독수리로 하여금 정면으로 태양을 바라보도록 돌리자, 독수리는 갑자기 그 거대한 날개를 활짝 펴고, 날카로운 울음소리와 함께 훌쩍 뛰어, 하늘 높이 날아올라 다시는 돌아오지 않았습니다.

—가나 우화

'비폭력대화' 기초교육 세미나를 두 주일 앞둔 주말 일요일 이른 아침, 나는 침대에 앉아서 이 독수리 이야기를 읽었다. 매혹적인 이 이야기의 좋은 평판을 나는 20대 초반부터 이미 알고 있었고, 그 이야기의 여운은 내 마음속에 오랫동안 남아 있었다. 다 읽은 후 책에서 눈을 들었을 때, 떠오르는 태양의 반짝이는 첫 햇살이 내 눈에 들어왔다!

지금까지 우리는 비폭력대화를 무거운 대화들, 긴장과 갈등 상황 그리고 서로 다름에서 오는 차이들과 연결하여 살펴보았다.

그리고 이제, 비폭력대화에서 내 마음의 가장 큰 부분을 차지하고 기대로 두근거리게 하는 영역으로 이 책의 대미를 장식하려고 한다.

우리는 지금까지 함께 어려운 여정들을 이리저리 거닐기도 했고, 기린 주스를 조금 마시기도 했다. 이제 우리 여정의 막바지에 이르러, 내가 비폭력대화를 하면서 받은 커다란 선물을 펼쳐서 당신과 나눌 수 있어 정말 즐겁기 그지없다. 그것은 우리가 인정과 칭찬 그리고 찬사를 보내는 일상적인 방법을 바꾸어 보는 것이다.

내가 쏟는 노력이 당신에게 동기를 부여하여 당신에게도 그 변화가 일어나기를 진심으로 바란다. 그리고 이런 변화만 생겨도 이 책은 자기 역할을 이미 충분히 해냈다고 생각한다.

이 절에서는 우리의 평소 언어생활에서 '인정'이 어떻게 표현되는지 살펴보려 한다.

"네가 오늘 저녁 나랑 같이 시간을 보내려고 영화 '히어로'를 가져왔잖아. 나도 예고편에서 숨이 멎을 만큼 멋진 영상을 보고 이 영화 꼭 보고 싶었거든. 네가 좋아하는 것을 나와 함께 나눠 줘서 고마워."라고 표현하기보다는, 우리는 보통 "너 정말 멋지다!" 또는 "너 정말 잘했어!"라는 표현을 사용한다.

또는 "네가 그 기린 포스터, '첫 번째 키스'를 선물했잖아. 내가 중요하게 생각하는 것에 대한 네 관심을 느낄 수 있어서 정말 뭉클했어."라고 표현하는 대신 "기린 포스터, 고마워!"라고 표현하는 것이 보통이다.

어떤 형태의 칭찬이나 감사가 우리에게 더 익숙하고 자연스러운지, 두 사례를 통해 그 차이가 느껴지는지 궁금하다. 그런데 이 정도는 아주 단순한 차원의 표현이다. 아마 당신은 이런 말도 들어 보았을 터이다.

"너는 힘도 세고, 손재주도 정말 뛰어나지! 분명히 내가 이사할 때 큰 도움이 될 거야!"

"와! 어쩜 이렇게 바퀴를 잘 갈아 끼울 수 있니! 넌 정말 재주도 좋아!"

"이제야 네 방이 다시 깨끗해 보이는구나. 정말 잘했어!"

이런 익숙한 형태의 '인정'을 통해서 나는 내가 '상대방의 기준에 들어맞았다.'고 안심하게 되는 칭찬을 듣는다. 상대방은 자신의 평가, 판단의 기준에 따라서 내가 '옳게' 또는 '그르게' 행동했는지, 내가 어느 정도로 '좋은' 또는 '나쁜' 사람인지를 측정하고 규정하고 판단하면서, 그것이 마치 객관적 사실인 양 표현하곤 한다. 아이가 방을 깨끗이 정리해서 칭찬받을 때, 물론 어른들의 기대를 충족시키기는 했지만, 그 아이가 그 방에서 청소 후 더 편안함을 느끼는지에 대해서는 아무도 관심이 없다. 요컨대, 아이의 행동이 그 아이의 고유하고 직접적인 욕구와 반드시 일치하는 것은 아니라는 말이다. 그와 동시에 칭찬을 받았다는 기쁨에 첫 번째 그림자가 드리워진다. 다른 사람들의 칭찬이나 인정은 그 사람의 기준에 내가 얼마나 잘 들어맞느냐에 달려 있다. 그리고 내가 상대방의 의견에 좌우되거나 더 나아가 그 사람에게 의존하고 있다면, 나는 그 사람의 규칙과 평가에 나를 맞추게 될 터이다. 이러한 사고 구조는 나를 스스로 결정하고 책임을 지는 자유로운 개인으로 여기게 하기보다는 다른 사람의 기준에 점점 더 순응하도록 만든다. 우리의 교육 시스템 전체가 이 원칙을 바탕으로 한다.

그리고 조금 더 애매한 것은 칭찬에 다음과 같이 무언가가 더 덧붙여지는 경우이다.

"A 씨, 당신은 정말 민첩하고 믿을 만한, 부지런한 직원입니다! 오늘 오후 회의 때 쓸 서류를 점심시간에라도 잠깐 작성해 주실 수 있겠지요?"

다른 사람의 기준으로 인해 느낀 처음의 불쾌함은, 그 칭찬이 나를 상대방의 기대에 조금 더 잘 맞아떨어지도록 만들기 위한 '아첨용'으로 쓰일 때 더욱 커진다. 이런 '인정' 또는 '보상' 끼워 넣기는 사람을 다루는 교묘한 방법이다.

"입에 꿀을 바르다."[5]라는 속담은 인정이나 존중이 어떤 목적을 위한 도구로 쓰일 때의 불쾌한 뒷맛을 제대로 알려 준다.

'인정'이 실제로 나의 행복과 아무 연관도 없다면, 그에 대한 내 기쁨도 흐릿해질 터이다. 충족되지 않은 나의 자율성, 정직, 명료함과 신뢰에 대한 욕구들이 내 안에서 으르렁거린다. 자칼 관점에서 보자면 상대방은 자신의 게임에서 어떤 역할을 나에게 떠넘기려 들고, 내 안에는 '당근'을 얻기 위해 그 역할을 떠맡을, 잘 학습된 마음가짐이 있다. 이때 우리는 서로 더는 '같은 눈높이'가 아니다.

그렇다면 대안은?

나는 이제 어느 정도 익숙해진 비폭력대화의 4단계에 의지한다!

나는 인정을 표현할 때 '나-전달법' 형태의 옷을 입힌다. 나는 상대방이 구체적으로 무엇을 하였는지(관찰), 그 일과 관련해 내

---

5 아첨하다.

가 어떻게 느끼는지(느낌), 그리고 그의 행동으로 인해 나의 어떤 욕구들이 충족되었는지(욕구)를 말한다. 네 번째 단계인 부탁은 이미 실현되었기 때문에 표현할 필요가 없다!

예를 들자면 이렇게 말하는 것이다.

"네가 운전을 맡아 줘서 정말 행복해. 덕분에 정말 편안하게 등을 기대고 지나치는 경치를 감상할 수 있게 되었어. 고마워!"

"토요일에 네가 장을 봐줬지. 덕분에 마음이 훨씬 가벼워졌고 네 도움을 누릴 수 있었어. 고마워!"

"어제 저녁에 네가 재미있는 이야기를 해 줬잖아. 정말 신났어. 난 웃는 것을 좋아하는데 네 덕분에 신나게 웃을 수 있었지. 진심으로 감사해!"

당신이 만약 이런 방식으로 표현되는 '인정(감사)'을 듣는다면 어떨 것 같은가? 식욕이 돋아서 생생하고 진심을 다해 차린 이런 유의 '만찬'을 더 많이, 더 기꺼이 맛보기를 바라지 않을까? 나는 이런 새로운 '대화 문화'를 진심으로 환영한다. 나의 감사와 가치에 대한 인정을 이런 방식으로 표현하는 것은, 나에게는 기쁨과 힘, 행복으로 채워진 욕조 안에 몸을 푹 담그고 새로운 힘을 충전하는 것과 같다. 이러한 만족스러운 경험들 안에서 언제나 내 고유한 욕구들을 명료하게 알아챌 터이고 나 자신과, 그리고 다른 사람과의 사이에 지금까지와는 다른 아주 새로운 질적인 연결이 이루어질 것이다. 그래서 나는 이 명료함을 지속시키기 위해 매일 일정한 시간을 내서, 나 자신과 다른 사람에 대해 내가 무엇에 감사하는지 생각하는 시간을 가진다. 그리고 매일의 삶 속에서 나에게, 그리고 다른 사람에게 그것을 표현한다.

이 일과는 나와 다른 사람의 내면을 함께함의 기쁨으로 채우며, 우리가 가진 가능성의 날개가 힘차게 자라도록 지속적인 힘을 공급한다.

이를 위해 쓰는 방법이 하나 있는데, 나에게 특히 큰 재미를 선사하는(그리고 아주 효과 만점인) 그 방법은, 클라우스-디터 겐스에게 배운 것이다.

감사의 그네!

남편, 아내, 아이들, 친구들 또는 동료들과 함께 시도해 보시기 바란다.

내가 가장 선호하는 방법은 내 파트너와 함께 편안하게 그물 침대에 앉아서 이야기를 나누는 것이다. 서로 번갈아 가며 무엇에 기뻐하는지, 어떤 것에 우리가 감사하고 있는지, 우리 마음을 뭉클하게 하는 것은 무엇인지, 상대방이 무엇을 했는지 그리고 함께함으로써 누리는 행복을 위해 서로 어떻게 기여했는지 등을 나누는 것이다. 내용은 아주 크고 중요한 일일 수도 있고 아주 사소한 것일 수도 있다. 중요한 것은 '내용이 아니라 표현 방법'이다.

세레나 당신이 어제 주말을 어떻게 보낼지, 아이디어를 나와 나누려고 세 번이나 전화를 했잖아. 난 정말 감동받았어. 당신한테 그렇게 많은 아이디어가 있고, 그것을 나와 함께 키우고 구체화하는 것을 중요하게 여겨 주는 것이 정말 기뻤어. 고마워!

다비트 고마워! 그렇게 말해 주니 정말 기뻐. 그 말을 들으니 내가 당신 삶에 기여했다는 것, 또 내 아이디어가 긍정적으로 받아들여졌다는 것을 느낄 수 있네.

세레나 지난주 토요일, 당신이 꽃이 다 져 버린 장미나무 가지치기를 했잖아! 오랫동안 눈엣가시처럼 신경이 쓰였는데, 내 마음이 얼마나 가벼워졌는지 몰라. 나는 정원이 아름답게 정리되어 있는 것을 좋아하거든. 정말 고마워!

다비트 그랬구나, 그 일은 나도 즐거웠어. 가끔 신선한 공기 속에서 온몸을 써서 일하는 것은 정말 상쾌한 일이지. 그리고 나는 당신이 그 정원에 얼마나 많은 정성과 사랑을 기울이는지 알고 있고, 그것이 정말 굉장하다고 생각하고 있어. 그 개인적인 쉴 공간이 있다는 것과, 당신이 그곳을 내게도 열어 준 것에 대해 매번 새삼스레 고마워하고 있고.

세레나 이 책을 쓸 수 있도록 당신이 많은 이야기를 해 줬잖아. 당신과 이야기를 나누면서 내 창조성을 발휘할 수 있는 멋진 틀과 글쓰기의 즐거움을 찾을 수 있어서 정말 행복해. 그리고 더 많은 사람이 기린 춤을 출 수 있도록 하는 데 이 책이 기여할 수 있다면 더 바랄 나위 없고. 정말 많이 고마워!

다비트 당신이 얼마나 열심히 그리고 열정적으로 이 책을 만들어 가는지, 또 깊이 있고 재치 있는 명료한 대화로 서로 연결되는 일에 당신이 얼마나 애정 어린 관심을 기울이는지를 보면 나도 정말 즐거워. 그리고 간단하지만은 않았을 텐데 항상 그 과정에 내가 참여할 수 있도록 해 줘서 고마워. 당신이 존재한다는 사실에, 그리고 나와 함께해 준다는 사실에 감사하고 있어. 그것이 내 삶의 모든 부분을 풍요롭게 해 주거든.

169

제3장 기린과 자칼이 함께 춤출 때

무엇보다도 먼저, 이 책을 통해 내가 오랫동안 품어 왔던 소원을 실현하고 많은 사람들과 만나고 나눌 수 있는 '장'을 선물해 준 우주에 감사한다!

내 안의 기린 마음이 자극을 받고 그와 함께 성장할 수 있도록 지속적으로 몰아붙이고 갈등을 빚어 준, 내 내면의 자칼과 기린에게도 깊이 감사한다.

내가 가장 사랑하는 기린자칼인 다비트, 내 편에 서 있는 남편에게 감사한다. 마셜과 함께하는 첫 번째 세미나에 참석하도록, 그리고 이 책을 쓰도록 권해 주었고, 우리의 자칼 춤과 기린 춤 안에서 파란만장하면서도 점점 더 커지는 기쁨에 항상 동행해 주었다.

풍부한 유머로 언제나 도움이 되어 주고, 조금은 특이한 엄마의 길에 동참해 주었으며, 이 책이 나올 수 있도록 지원과 관심을 아끼지 않았던 나의 두 아들, 레안더와 티마리안에게도 감사한다.

열린 마음과 인내로 나와, 그리고 내 날카로운 질문들과 씨름하며 답해 주고 함께 논의해 준, 그래서 명료함과 일치에 대한 나의 욕구를 충족시켜 준 교육 트레이너이자 동료인 클라우스-디터 겐스에게 감사한다.

내가 매일 내 사고 개념의 날카로운 발톱에서 벗어나 다시 기린 마음 안에서 평안을 찾을 수 있도록 도와주는, 비폭력대화의 4단계 과정을 개발한 큰 기린(할아버지 기린)인 마셜에게 감사한다. 그리고 내가 그를 실제로 만날 수 있도록, 그리고 내 안에 비폭력대화에 대한 열정이 불타오르도록 세미나를 열어 준 것에도 감사한다.

인증지도자 과정의 대화에서, 시험을 치르는 상황이었음에도 불구하고 내가 나 자신의 내면과 더욱 깊이 연결될 수 있도록 최상의 비폭력대화 본질을 보여 주었던 이졸데 테슈너에게 감사한다.

마셜을 프랑크푸르트로 초대한 데다 내 집 문 앞까지 데려다 준 브리타 달베르크에게 감사한다.

내가 쓴, 문자로 묘사된 자칼과 기린을 그토록 맛깔스럽고 유머 가득한 삽화로 표현해 준 슈테판 슈투츠와 함께한 생기 넘치고 창조적인 공동 작업에 감사한다.

탁월한 언어 감각으로 내 글을 다듬어 준 편집자 나요마에게 감사한다.

내 원고를 책으로 만들어 세상에 나오게 해 준 코하출판사의 카린과 콘라트에게 감사한다.

내 글에 관심과 흥미를 가지고 피드백을 주며 용기를 불어넣고 지지해 준 친구들—마르기트, 미하엘, 실비아 그리고 크리스티네에게 감사한다.

그리고 마지막으로, 호기심과 용기 그리고 개인적인 관심으로 내 세미나에 참석하여 자칼과 기린을 경험했던 참가자들에게 감사한다. 그들과 함께 그리고 그들로부터 나 또한 항상 많은 배움이 있었다.

기린과 자칼이 함께 춤출 때

부록

느낌말과 욕구말 목록

당신의 경험에 적용할 수 있는 적당한 단어들을 찾을 수 있도록, 도움이 될 만한 느낌말과 욕구말 목록을 아래에 작성해 두었다.

느낌

많은 사람이 느낌은 다섯 가지만 있다고들 한다.

두려움, 즐거움, 아픔, 슬픔 그리고 분노.

아주 크게, 그리고 뭉뚱그려서 나누자면 그것으로 충분할 수도 있다. 하지만 나는 이 커다란 서랍에 매일, 일상적으로 사용하기 위해 더 많은 뉘앙스의 느낌말들을 채운다. 그리고 이 목록은 완결된 단어장이 아니라 살아서 진화하는 과정을 위한 보조 수단이다.

나는 느낌말들을 세 종류로 나눈다.

첫째, 충족된 욕구에 사용되는 느낌말들.

둘째, 충족되지 않은 욕구에 사용되는 느낌말들.

셋째, 느낌보다는 해석에 가까운 단어들. 그래서 나는 이 말들을 '해석된 느낌'이라고 부르는데, 이들은 더 깊은 곳에 있는 진짜 느낌(핵심 느낌)을 찾아내는 데 도움이 된다.

욕구

욕구에 대해서도 많은 사람들이 7~12개의 기본 욕구들만 있다고들 한다. 마셜 로젠버그는 그것을 생명 유지, 안정, 사랑, 진정성, 공감, 축하, 정의, 소속감, 자율성, 그리고 삶의 의미라고 명명했다.

이렇게 축소한 데에는 뭔가가 있을 수 있다―근본적으로 서로 다른 열두 개의 우주 원리가 있는 것처럼. 그러나 나는 평소의 의사소통에서 실제로 활용할 수 있도록 조금 더 많은 낱말들을 자유롭게 사용할 수 있다면 도움이 되리라고 본다.

목록 1: 욕구가 충족되었을 때의 느낌들

활기 있는
- 활발한
- 열광하는
- 황홀한
- 감격적인
- 매혹된
- 흥미진진한
- 경쾌한
- 생기 있는
- 활기에 찬
- 살아 있는
- 기분 좋은
- 기쁜
- 재미있는
- 즐거운

감사하는
- 경외심을 품은
- 경이로운
- 행복한
- 따뜻한

피로가 풀린
- 편안한
- 유쾌한
- 평온한
- 담담한
- 평화로운
- 홀가분한
- 여유로운
- 피곤이 풀린
- 태연한
- 느긋한
- 안심이 되는
- 진정되는
- 쾌적한
- 개운한
- 침착한
- 잔잔한
- 만족스러운

진심인
- 친절한
- 마음이 움직이는
- 애정이 깊은
- 충만감이 드는
- 감동받은
- 부드러운

- 깊이 신뢰하는
- 애정 어린
- 온정적인
- 뭉클한
- 호의적인
- 친밀한

흥미가 생기는

- 주의 깊은
- 매혹된
- 매료된
- 영감을 주는
- 자상한
- 기대에 부푼
- 완전히 깨어 있는
- 창조적인
- 열정적인
- 호기심이 생기는
- 머리가 맑은
- 끌리는

열려 있는

- 마음이 열린
- 희망에 찬
- 상냥한
- 다정다감한
- 경탄하는
- 고요한
- 헌신하는
- 깨어 있는

원기 왕성한

- 명료한
- 용감한
- 확신을 가진
- 활기에 찬
- 힘이 있는
- 정신이 말짱한
- 독립적인
- 중심이 있는
- 동기를 부여하는
- 자신 있는
- 힘이 넘치는
- 기대에 부푼

기린과 자칼이 함께 춤출 때

목록 2: 욕구가 충족되지 않았을 때의 느낌들

싫어하는
- 정 떨어지는
- 불쾌한
- 탐탁지 않은
- 마음에 걸리는

무서운
- 겁나는
- 충격을 받은
- 아찔한
- 무력한
- 겁내는
- 소심한
- 두려운

화나는
- 짜증 나는
- 기분 나쁜
- 격분한
- 당황스러운
- 당혹스러운
- 분한
- 억울한
- 약 오르는

긴장된
- 팽팽하게 당겨진
- 스트레스를 받은
- 억압을 받는
- 경련이 나는
- 떨리는

고독한
- 외로운
- 혼자인 듯한
- 거북한
- 부자연스러운
- 허탈한
- 절망스러운
- 희망이 없는

놀란

- 망연자실한
- 냉정을 잃은
- 마비된
- 낙담한
- 무기력한
- 당황한
- 흥이 깨진
- 어찌할 바를 모르는
- 조마조마한

지친

- 피로한
- 고갈된
- 힘이 없는
- 고된
- 김빠진
- 지겨워진
- 녹초가 된
- 허약한
- 무정한
- 힘이 빠진
- 기진맥진한
- 어려운
- 짜증 나는

슬픈

- 비통한
- 우울한
- 속상한
- 걱정되는
- 그리워하는
- 암담한
- 절망스러운
- 고통스러운
- 불안한
- 혼란스러운
- 조급한
- 애석한
- 지친
- 불행한
- 염려스러운
- 신경질 나는
- 불만이 있는
- 서운한

불확실한

- 수줍은
- 당혹스러운
- 어색한
- 겁먹은
- 당황한
- 부끄럼 타는
- 마음 상하기 쉬운

어리둥절한

- 뒤죽박죽이 된
- 신경 쓰이는
- 우유부단한
- 두 갈래 마음인

목록 3: 해석된 느낌—생각이 섞인 느낌말

우리가 흔히 사용하는 표현인 "나는 ~하게 느낀다." 또는 "나는 ~한 느낌이 있다." 안에는 느낌이 아닌, 상대방이 하는 일에 대한 내 해석과 판단을 나타내는 말들이 있다.

- 거절당한
- 착취당한
- 속은 듯한
- 창피당한
- 강요당한
- 무시당한
- 착취당한
- 경멸하는
- 존중받지 못한
- 잘못한
- 달갑지 않은
- 중요하지 않은
- 비웃는
- 배신당한
- 협박당한

- 공격당한
- 괴롭힘을 당한
- 이용당한
- 깔보는
- 사기당한
- 조종당하는
- 오해받은
- 인정받지 못한
- 진지하게 여기지 않는
- 소외당하는
- 압력을 받는
- 자격이 없는
- 버림받은
- 가치 없는
- 자극받은

- 위협받은
- 모욕당한
- 기만당한
- 궁지에 몰린 듯한
- 속은
- 악용하는
- 의심받은
- 지지받지 못하는
- 도발하는
- 인정받지 못하는
- 이해받지 못하는
- 비난받는
- 등한시하는
- 거부하는

목록 4: 욕구[1]

자율성
- 꿈/목표/가치를 선택할 수 있는 자유
- 자신의 꿈/목표/가치를 실현하기 위한 방법을 선택할 자유

축하
- 생명의 탄생이나 꿈의 실현을 축하하기
- 잃어버린 것(사랑하는 사람, 꿈 등)을 애도하기

진정성/온전함
- 자기 존재에 대한 믿음
- 자기 존중
- 창조성
- 정직
- 의미

몸 돌보기
- 공기
- 신체적 보호
- 운동
- 주거
- 음식
- 따뜻함
- 휴식
- 잠
- 물
- 자유로운 움직임
- 성적 표현

---

1 한국NVC센터에서 펴낸 『비폭력대화』의 욕구 목록과 내용상 별 차이가 없어, 앞 책의 내용으로 교체하였다.

놀이

- 재미
- 웃음

영적 교감

- 아름다움
- 조화
- 영감
- 평화
- 질서

상호 의존

- 수용
- 감사
- 친밀함
- 공동체
- 배려
- 삶을 풍요롭게 하기 위한 기여
- 정서적 안정
- 공감
- 연민
- 돌봄
- 소통
- 협력
- 나눔
- 인정
- 우정
- 사랑
- 안심
- 존중
- 지지
- 신뢰
- 이해

기린과 자칼이 함께 춤출 때

발행 2021년 12월 22일 초판 2쇄

글 세레나 루스트
그림 슈테판 슈투츠
옮긴이 이영주
펴낸이 캐서린 한
펴낸곳 한국NVC출판사

등록 2008년 4월 4일 제312-2008-000011호
주소 (03702) 서울특별시 서대문구 연희로15길 78, 2층(연희동)
전화 02-3142-5586　**팩스** 02-325-5587
이메일 book@krnvc.org

ISBN 979-11-85121-26-0 03180

* 값은 뒤표지에 있습니다.
* 잘못 만든 책은 바꾸어 드립니다.